Franz Lerchenmüller

Rendezvous mit der Meerjungfrau

Dänische Abstecher

Franz Lerchenmüller

Rendezvous mit der Meerjungfrau

Dänische Abstecher

Picus Lesereisen

Picus Verlag Wien

Kaija – für Toender.
Roger – sowieso.
Sowie all den Däninnen und Dänen, denen
Dänemark sehr gelassen am Herz liegt.

Die Deutsche Bibliothek – CIP-Einheitsaufnahme

Lerchenmüller, Franz:
Rendezvous mit der Meerjungfrau: Dänische Abstecher /
Franz Lerchenmüller. – Wien: Picus Verl., 2001
(Picus Lesereisen)
ISBN 3-85452-750-0

Grafische Gestaltung: Dorothea Löcker, Wien
Umschlagabbildung: © Dänisches Fremdenverkehrsamt
Druck und Verarbeitung: Remaprint, Wien
ISBN 3-85452-750-0

Inhalt

Dänen und Dünen

Im Winter kehrt Ruhe auf Römö ein

Verschlossen. Verlassen. Verwaist. An Bibbis Is & Poelsebar sind die Luken dicht, in der *spillehal* blinkt kein Automat mehr, und aus dem *supermarked* schleppen gerade die letzten drei der 36 Saisonkräfte Nudeln, Tuborg-Flaschen und Klopapier in einen bereitstehenden Lastwagen. Kein Mensch sitzt in der Pizzeria Buona Sera, im Café Midtpunkt sind die Stühle aufgestapelt, der Parkplatz vor der Ladenzeile liegt ungeschützt in der ganzen Pracht seiner Häßlichkeit. Die Goldgrube Lakolk macht Betriebsferien bis März.

Es ist Winter auf Römö, der größten und südlichsten dänischen Nordseeinsel, der direkten Nachbarin von Sylt. Winter nach einem hektischen Sommer. Wieder wurden über eine Million Übernachtungen gezählt. Wieder kamen an heißen Tagen zwischen fünfzigtausend und achtzigtausend Menschen zusätzlich über den neun Kilometer langen Damm und fuhren abends zurück aufs Festland. Wieder glich der Strand vor Lakolk, auf dem Autos zugelassen sind, einem riesigen Parkplatz, war auch das letzte Zimmer in den Dörfern vermietet. Uns bleibt das alles erspart.

Denn wir kommen nur im Spätherbst und im Winter hierher. Dann, wenn die achthundert Inselbewohner fast wieder unter sich sind und auch der eine Inselpolizist endlich Ruhe hat. Jetzt, wo der Vergnügungspark Römö eingemottet ist. Diesmal ist es noch ein wenig anders. Vier Jahre sind wir nicht mehr hiergewesen. Mal sehen, wieviel sich verändert hat.

Immerhin: In unserem Ferienhaus in Lakolk sind neue Matratzen auf den Betten, die Zufahrt ist frisch mit zerstoßenen Muschelschalen befestigt, und vom Panoramafenster aus sehen wir, daß der Nachbar einen Hochwasserdamm rings um sein Haus aufgeschüttet hat. Aber in der Küchenschublade liegen noch die gleichen stumpfen Messer, von der Decke der Sauna hängt immer noch ausgetretenes Harz in dicken Tropfen, die Ofentür quietscht wie eh und je. Wir fühlen uns wieder wie zu Hause auf Zeit.

Nur ein paar Stunden, bis sich im Wohnzimmer auf Sesseln und Tischen jenes fröhliche Durcheinander aus Büchern, Keksen, Handschuhen, Taschenlampe, Wechselgeld und Filmen einstellt, jenes durchaus funktionale Chaos, das wir uns in den eigenen Wänden nur selten erlauben und das den Übergang vom Alltag zum Urlaub so unzweifelhaft markiert. Das Ferienhaus, die *hytte,* wird wohnlich.

Hytte-Leben – das ist die Sensation des Gewöhnlichen, eine Kette von Belanglosigkeiten, von denen jede einzelne Bedeutung erlangt. Das Programm? Ein Mann, eine Frau, keine Kinder und kein Telefon. Aber Zeit. Genug Zeit, morgens im Bett zu bleiben und gleich nach dem Aufwachen in dem Krimi von Gunnar Staalesen weiterzulesen, wo nachts Schluß war, weil die Augen tränten. Warum soll das Frühstück nicht einmal länger als eine Stunde dauern? Und warum soll es dazu nicht Eier mit Speck und Hering in Sherry geben, dazu *havrefras*-Kissen, diesen wunderbaren Cornflakesersatz, mit sahnigem Pfirsichjoghurt und dann noch einen puddinggefüllten *schokoladeballer*? Kalorien? Aber sicher: Nachmittags ist Strandspaziergang, da verlangt der Körper schon mal nach Brennstoff.

Mittags stolziert ein sehr selbstbewußter oder sehr dummer Fasan über die Terrasse. In den Dämmerstunden lesen wir uns aus Sebalds »Ausgewanderten« vor, bei Tee und frühem Cognac. Holz für den Kamin ist zu spalten und ein lange aufgeschobener Brief zu schreiben. Und manchmal, na ja, fängt plötzlich einer von uns an zu singen.

Da gilt es, jahrelang erprobte Rituale einzuhalten: Der Hot dog im Imbiß von Skaerbaek schmeckt hauptsächlich nach Senf, Remoulade und Ketchup, ist schmierig und süß, wie erwartet und gehabt. Das Schuhgeschäft in der Fußgängerzone bietet immer noch schon längst ausgelaufene Modelle von Ecco-Schuhen, aber – wie immer – nicht in der benötigten Größe. Auch der Einkauf in einem der kleinen Supermärkte gehört dazu. Gibt es frische Warenwunder im Staate Dänemark? Haben die praktischen Küchenprofis von den Inseln sich neues Gerät einfallen lassen, billige Kleinigkeiten wie diese unverwüstlichen Minidosenöffner oder den Kartoffelstampfer aus Draht?

Die Römö Rögeri og Fiskeforretning hat

ganzjährig geöffnet: Gerade kommen goldgelbe Bücklinge rauchig duftend aus dem Kamin. Sprotten, Heilbuttabschnitte und schwarze Aale glänzen in der Auslage, neben Schillerlocken, dunkelbraunen Rogenklumpen und Stücken von Stremellachs. Im Eis liegen Krabben und Leng, Seezunge, Schellfisch und Dorsch. Nehmen wir Steinbutt? Wann sonst ist Zeit, sich an die Zubereitung eines Steinbutt Antoinette zu wagen? Wann, wenn nicht jetzt, wo das feierliche Essen am Abend zu einem der Höhepunkte des Tages wird – und sei es auch nur die Wurst am Spieß über der Glut im Kamin.

Sensationen des Gewöhnlichen – und die Katastrophen bleiben überschaubar: Kein Bier kaltgestellt und wieder den Cayennepfeffer vergessen!

Im Dämmerlicht und der Wärme des Hauses stellt sich ein archaisches Höhlengefühl ein. Die Welt ist ganz klein geworden, die Wirklichkeit wird reduziert auf die sinnliche Erfahrung, warm, satt und für den Augenblick geborgen zu sein. Manche nennen es Gemütlichkeit. Ein Gemütszustand, der als spezifisch deutscher zum Synonym für Spießerseligkeit und Borniertheit wurde. Wir ahnen, wie es dazu kommt.

Es wird Zeit, die Insel neu zu erkunden, dieses ungewöhnliche Nebeneinander so ganz unterschiedlicher Landschaften auf einem Landstreifen von siebzehn Kilometer Länge und fünf Kilometer Breite – oder eher: sich ihrer zu vergewissern. Wir wandern über tiefgrüne Marschwiesen, auf denen auch jetzt noch Schafe grasen, und hüpfen über die Gräben, die sie durchziehen. Schon einige hundert Meter weiter waten wir durch Moor. Binsen wiegen sich im Wind, in den Tümpeln spiegelt sich der Himmel schmutzigbraun. Doch der matschige Torfboden geht bald über in feinen Heidesand: Blaubeersträucher, Islandmoos und Heidekraut wachsen auf den Hügeln. Die kuppige Ebene in immer herbstlichen Grün- und Brauntönen reicht bis zum nahen Horizont der hellgrauen Ketteder Dünen. Dort wird das Gehen zum mühsamen Stapfen. Am Fuß der Sandberge sind Büsche von Strandgerste eingepflanzt. Als Befestigung. In Reih und Glied wippen sie im Wind wie Helmbüschel von Soldaten.

Nein, hier draußen hat sich gar nichts verändert. Und in den Dörfern auch nicht viel. Im Friedhof von Kirkeby stehen noch die verwitterten alten Grabsteine, die hier schon die letzten zwei-, dreihundert Jahre überdauert haben. Die Kommandeursteine sind eine Erinnerung an Römös große Zeit im 17. und 18. Jahrhundert, als die meisten Seeleute auf holländischen und Hamburger Walfängern vor Spitzbergen unterwegs waren, viele als Kapitäne und Offiziere, und ungewohnten Reichtum in ihre Heimat brachten. Delfter Kacheln, italienische Spiegel und Teegeschirr aus China – vor Jahren haben wir im Heimatmuseum in Toftum den Luxus betrachtet, der inmitten der kargen Landschaft so seltsam fehl am Platz wirkte. Viel passender schien uns da in Juvre der Gartenzaun aus Walkiefern, die während dieser Zeit als Holzersatz dienten.

Doch dann stoßen wir auf eine Neuheit, eine Reverenz an den wachsenden Tourismus offensichtlich: Das Naturcenter Toennisgard in Tvismark besteht nun schon seit einigen Jahren. Aber jetzt macht es plötzlich nicht mehr den allgemeinen Winterschlaf mit. Eine ganz unspektakuläre kleine Ausstellung informiert über die Entstehung der Gezeiten, das Ökosystem Wattenmeer und das kärgliche Leben der Torfstecher, Bauern und Fischer früher. Ausgestopfte Säbelschnäbler und Lachmöwen, der Ruf der Nachtschwalbe vom Band, eine Robbe mit aufgeklebtem Sender, mit dem die Seehundbestandszählungen durchgeführt wurden, Schrifttafeln auch in Deutsch – ein Crashkurs für Anfänger in Sachen Römö.

Die technische Leiterin zeigt uns einen Stapel alter Fotos. Bilder aus der Zeit der Geburt des Inseltourismus. Malerisch hat sich eine Gruppe von Sommerfrischlern ins Gras gelagert, die Damen in weißen Blusen und langen dunklen Röcken, behütet von seidenblumengekrönten Wagenrädern, die Herrn ebenso korrekt in Anzug, Weste und Vatermörder. Die geschnitzten Giebel an dem Reetdach im Hintergrund gehören zu dem Hotel Kaiserhalle. Und das stand in Lakolk, »unserem« Lakolk.

Das Seebad war da gerade erst gegründet worden, 1893, von einem Pfarrer Johannes Jacobsen. Römö gehörte zu Preußen. Mit der Kaiserhalle und einem zweiten Hotel namens Drachenburg wollte Jacobsen reiche Berliner auf die Insel locken. Er ließ Brücken über die Dünen schlagen und norwegische Blockhäuser aufstellen, die Walhall oder Schwanhils-Ruh hießen, er baute einen Teepavillon, eine Weinstube und eine von Pferden gezogene Schienenbahn nach Kongsmark – ein Bretterverschlag auf Rädern, wie ein anderes Foto zeigt. Doch Jacobsen ging bankrott. Und das Märchenbad verkam.

Der Charme der Jahrhundertwende, als es in Lakolk von Türmchen, Erkern und Ziergiebeln nur so wimmelte, ist längst verschwunden. Wie schon so oft spazieren wir amüsiert durch die menschenleere Siedlung. Die Häuser namens Strandperle oder Casita sind planlos nebeneinander in die Dünen gesetzt und stammen aus den fünfziger und sechziger Jahren, als hier jeder seinen ganz persönlichen Traum vom Ferienhaus verwirklichen durfte – mit entsprechend traumhaftem Ergebnis. Lakolk, wie wir es kennen, ist gesichtslos, formlos, stillos. Wir mögen es. Promenadenmischungen muß man gern haben.

Höchste Zeit, sich den Kopf durchpusten zu lassen. Strandspaziergänge sind Sternstunden des Urlauberdaseins. Der Strand liegt weit und sauber da, zumindest auf den ersten Blick. Der Wind hat ihn blankgefegt und den groben Dreck zur Seite gekehrt, die See hat kurz darübergewischt. Schön, jetzt an der Brandung entlangzugehen, in Begleitung eines Strandläufers, der wie aufgezogen vorneweg trippelt und mit seinem Schnabel im nahrhaften Auswurf des Meeres herumstochert. Das Wasser hat gleichmäßige Furchen in den Sand gezogen, hat ihn geriffelt und schraffiert und

Schlieren schwarzen Schlicks als Muster hineingewebt. An manchen Stellen hat die Strömung Muschelscherben abgelagert, artenweise, gewaltige Friedhöfe für Schwertmuscheln, Herzmuscheln oder Miesmuscheln.

Trocknende Quallen stecken im Sand wie Tellerminen aus Gelee, Scheren von Taschenkrebsen hängen im Tang und weiße Tintenfischschulpen, leicht wie Papier, dünn gescheuerte Austernschalen und die schwarzen rechteckigen Eikapseln des Dornhais, die mit ihren »Halteärmchen« an winzige Affen erinnern.

Anderswo sind dunkelbraune Holzklumpen angespült, vom Wasser zu bizarren Formen gehobelt, von Wind und Sand saubergebürstet und glattgeschliffen. Einige von ihnen sind übersät von kreisrunden Löchern, die Pfahlmuscheln hineingefressen haben.

Wer Glück hat, stößt inmitten von Kies und Holzsplittern auf oft ganz unscheinbare Klümpchen von hellgelber bis dunkelbrauner Farbe. Sie sind sehr leicht, sie lassen sich ritzen, sie laden sich durch Reibung elektrisch auf: Bernstein. Versteinertes Harz aus einer Zeit, als ganz Skandinavien von Nadelwäldern bedeckt war, vor mehr als dreißig Millionen Jahren.

Vor allem nach schweren Stürmen, wenn das Wasser den Meeresboden durchgepflügt hat, wird Bernstein angeschwemmt. Dann wandern auch Leute von der Insel, wie Kis Lund und ihre Schwägerin Benny Fischer Soerensen, mit gesenktem Kopf über den Strand und suchen jeden Quadratmeter ab. Wenn, nach einem halben oder auch einem ganzen Jahr, das Gurkenglas in ihrer kleinen Werkstatt in Havneby irgendwann voll ist, schütten sie die Fundstücke zusammen mit Schleifsand und Wasser in eine elektrische Poliertrommel. Sieben Wochen wirbeln sie im Zylinder, geschmirgelt von immer feinerem Metallstaub. Was dann den abschließenden Waschgang mit Kalk verläßt, hat wenig gemein mit den unansehnlichen Brocken zuvor: Glatt und schmeichelnd liegen die Stücke in der Hand, die einen honiggelb und blitzend, andere milchig schimmernd wie Opal, wieder andere von einem warmen tiefen Braun, als ob ein Feuer darin glimmen würde.

Nach dem Polieren bohren die beiden Frauen Löcher in die Steine und knüpfen sie zu Halsketten. Die schönsten stellen sie in Toennisgard aus, gerade mal hundert Mark kostet eine Kette aus zwanzig bis dreißig Bernsteinstücken. Aber das Geld ist nebensächlich. Es ist das Sammelfieber, das sie immer wieder hinaustreibt. »Ach, das ist jedesmal so spannend wie eine Schatzsuche«, sagt Kis. Achthundert Gramm wog der größte Klumpen, den sie je aufgelesen hat, am Strand nördlich von Havneby. Auch ihr schönstes Stück stammt von da. Es ist etwa zehn Zentimeter lang, vier Zentimeter breit und erzählt eine Geschichte: An einem heißen Sommertag im Norden landet eine müde Fliege auf dem Ast einer riesigen Tanne, auf dem schon drei Mücken Rast machen. Eine kleine Spinne mit mörderisch scharfen Kiefern bemerkt die reiche Mahlzeit und pirscht sich vorsichtig heran. In diesem Augenblick platscht vom Stamm ein großer Klacks Harz – und begräbt alle fünf gemeinsam unter und in sich. Über dreißig Millionen Jahre ist das her. Und steht in dem goldgelben Brocken dem Betrachter so lebendig vor Augen, als wäre es gerade eben erst passiert.

Heute hat der anhaltende Westwind das Wasser hoch auf den Strand getrieben und bis zu den Dünen einen dünnen Spiegel ausgebreitet, über den der Wind zitternde Schauer jagt. Eine tückische Fläche, unter der die Rinnen und Gräben nicht zu erkennen sind und der Verlauf der Wasserlinien sich dauernd ändert. Schon mancher wurde da von der Flut auf einer plötzlich sehr weit draußen liegenden Sandbank überrascht. Wenn dann Nebel aufkommt oder auch wenn das Wattenmeer zufriert, müssen die Männer vom Rettungsdienst hinaus. Ihr Wagen verfügt über eine Art Radaranlage, im letzten Winter holten sie zwei Kinder zurück, die sich zwischen den Prielen verlaufen hatten

Der Saum nahe den Dünen, bis zu dem die letzte Flut reichte, ist überdeutlich gekennzeichnet, mit Fanta-Flaschen, Bic-Feuerzeugen, Adidas-Schuhen und Osram-Birnen. Hier liegt ein verwesender Kormoran, wenige Schritte weiter ist in verknoteten Netzresten ein großer Taschenkrebs verendet. Ein Bild will uns nicht aus dem Kopf: Der Nordsee ist speiübel geworden und sie hat ausgekotzt: Neonröhren und Gummihandschuhe, Milchkanister und Fischkisten und auch so eigenartige Gegenstände wie die Plastikbefestigungen von Toilettenduftsteinen, deren ganze Scheußlichkeit erst hier draußen so richtig zur Geltung kommt.

Aber auch ein paar ziemlich neue Holzdielen sind angespült worden. Die stehen dem Strandvogt zu, wie alles Holz, das mehr als 45 Zentimeter mißt. Wer beim Diebstahl erwischt wird, muß zu seinem Haus: Persönlich abliefern, eine Schande.

Der Strand liegt menschenleer, aber nicht still. In der Luft geht ein dauerndes Brausen und Tosen, der Wind heult, die steife Brise beißt in Stirn und Wangen, läßt die Nase laufen und jagt Regenschauer und Hagelkörner gegen das Gesicht. Es ist Zeit, zum Haus zurückzukehren, müdegelaufen und durchgefroren, Zeit, das Feuer im Kamin anzuzünden und sich in der Sauna auszustrecken. Dampfend sitzen wir auf der Terrasse und sehen dem Jagen der Wolken vor dem Mond zu, im Ohr das fast unmerklich auf- und abschwellende Rauschen der Nordsee von jenseits der Dünen. Manchmal überschüttet der Mond das Land mit einem silbernen Licht, wie man es in Städten nie sieht. Tief saugen wir die kalte Luft in die Lungen, schnuppern den Geruch des Holzfeuers, spüren, wie jede Pore zu prickeln beginnt. Ein Fest für Haut, Nerven, Sinne.

Drinnen knistert im Ofen das Feuer. Plötzlich setzt Regen ein. Wir lauschen auf die temperamentvolle Musik am Fenster. Regenkaskaden, Hagelschauer, Sturmböen – Römö-Wetter eben. Wer sagt da, daß dem Besucher jetzt nichts geboten wird auf dieser Insel?

Der Träumer aus der Munkemoellestraede

Auf Hans Christian Andersens Spuren durch Odense

»Es war so herrlich draußen auf dem Land, es war Sommer! Das Korn stand gelb, der Hafer grün, und eine Ente lag auf ihrem Nest. Sie wollte ihre kleinen Entenjungen ausbrüten, aber nun mochte sie schon bald nicht mehr. Endlich krachte ein Ei nach dem andern, und dann auch das letzte besonders große Ei. ›Piep, piep!‹ sagte das Junge und quoll heraus; es war sehr groß und garstig. Die Ente sah es sich an. ›Das ist ja ein furchtbar großes Entenküken!‹ sagte sie. ›Keines von den anderen sieht so aus.‹«

Da wußte einer, worüber er schrieb. Bei aus der Form geratenen, unansehnlichen Außenseitern kannte er sich aus. Schließlich war er selber einer: Hans Christian Andersen, der größte und längste Märchenerzähler der Welt. Sein Entenhof hieß Odense, hier wurde er am 2. April 1805 geboren, hier durchlitt und durchträumte er die ersten vierzehn Jahre seines Lebens, den Großteil davon in einem kleinen gelben Fachwerkhaus in der Munkemoellestraede mitten im heutigen Zentrum.

»Hier hinten im Garten saß er unter einem Stachelbeerbusch, zog sich die Schürze seiner Mutter über den Kopf und versetzte sich in die große weite Welt, für die er sich berufen glaubte.« Ole Frederiksen, Pensionär und Fremdenführer, spricht Deutsch mit jenem liebenswerten Vivi-Bach-Akzent. Er kennt seinen Dichter gut genug, um Respekt vor ihm zu haben, aber keine Ehrfurcht. Und er rasselt die sicher schon Hunderte Male erzählten Geschichten nicht wie eine Pflichtübung herunter, sondern macht mit seinem leisen komödiantischen Talent den zweistündigen Rundgang auf Andersens Spuren schon fast zu einem amüsanten Stück Kabarett.

Odense zu Beginn des letzten Jahrhunderts – das war ein reger Handelsplatz mit fünftausend Einwohnern: einerseits, glaubt man historischen Stichen, eine ländliche Idylle mit Pferden, Kühen und Kirchturm, andererseits gab es bereits ein Theater, das erste außerhalb Kopenhagens, und während der napoleonischen Kriege logierten spanische Soldaten in der Stadt.

Heute hat die »Hauptstadt« der Insel Fünen 185.000 Einwohner, eine Universität sowie über tausend Jahre Geschichte hinter sich. Sie ist die drittgrößte Stadt Dänemarks, und doch eine dieser typischen dänischen Kommunen geblieben, die so gar nichts Aufgeregtes an sich haben – aber auch wenig Aufregendes, sieht man vom gefleckten Schornstein der Albani-Brauerei ab, der sich über den Dächern hochreckt wie der Hals einer Giraffe. Vor allem aber hat Odense H.C. Andersen. Hat das Café Den Grimme Aelling und das Restaurant Hans Christian, die Plastik vom Standhaften Zinnsoldaten in der Fußgängerzone und das Profil des Dichters allenthalben: auf dem Märchenpaß, vor der Bodega, in den Broschüren. Andersen überall, Andersen satt, fast zuviel des guten Märchenonkels. Ole Fredriksen hält nichts von trockener Faktenhuberei. Er nähert sich dem Phänomen Andersen mit Anekdoten und Bildern für den Kopf: Was ist das für ein Vater, der, anstatt wie jeder gediegene Handwerker ordentlich seiner Schuhmacherei nachzugehen, viel lieber den Sohn mit Puppentheater unterhält? Und die Mutter – einen »Sozialfall« hieße man sie heute: Was gibt sie ihm mit auf den Weg, die spätere Säuferin, die nicht schreiben kann und nach dem Tod ihres Mannes die Wäsche fremder Leute wäscht, unten am Fluß Odense Au, an den Ole Frederiksen jetzt seine Gäste führt, durch den Park, der natürlich H.-C.-Andersen-Park heißt und dominiert wird von einer Säule, von der der Dichter im grünspanigen Gehrock milde lächelnd herunterblickt. Der Fluß selbst wird an diesem Morgen von Arbeitern entrümpelt: Sieben traurige Fahrräder und ein schlammiger Fernsehapparat stehen am Ufer. Andersen hätte ein Märchen daraus gemacht.

Im Alter von sechs Jahren kommt Hans Christian in die Armenschule. Deren Fassade steht noch: eine weiße Mauer mit rotem Fachwerk und einem umlaufenden Renaissance-Rosettenband. »Achtung, gleich läuft er aus dem Tor«, ruft Ole Frederiksen, »auf der Flucht vor dem Spott seiner Kameraden, der Tölpel, der Weichling, der sich immer im Theater rumtreibt und sich selber Stücke ausdenkt mit dem Personal von den Plakaten, die er geschenkt bekommen hat.«

Das Theater gibt es nicht mehr. Wohl aber den St.-Knuds-Dom, einen gotischen Backsteinbau aus dem 13. Jahrhundert. Weißgestrichen war das Innere vermutlich damals schon, der figurenreiche, goldglänzende Altar von Claus Berg aus dem Jahr 1521 aber wurde erst zu Beginn dieses Jahrhunderts aus der Franziskanerkirche umgesiedelt. Hier wird Hans Christian 1819 konfirmiert: »Neue Stiefel hat er bekommen«, erzählt Ole Frederiksen vertraulich, »man denke: Stiefel nur für sich. Die klacken beim Einzug ganz phantastisch auf dem Steinboden, und da zieht der hochgeschossene Lümmel extra die Hosenbeine hoch, damit nur ja jedermann sein Schuhwerk bewundern kann. Hinterher macht er sich große Gewissensbisse, weil er mehr an seinen Auftritt als an Gott gedacht hat.«

Aber ja. Bewundert möchte er werden. Will endlich in den Mittelpunkt. Dieses Provinzkaff ist ihm viel zu eng. Er muß hinaus. Schauspieler will er werden, der Spinner.

So kommt es, daß im selben Jahr noch ein »langer Bengel von vierzehn Jahren, schmal wie ein Hering, einen Meter neunzig groß und mit Zylinder gleich zwei Meter dreißig«, die Kutsche nach Kopenhagen besteigt. In der Tasche hat er vierzehn Reichstaler. Und im Kopf die eine fixe Idee: Berühmt will ich werden. Berühmt! Damit entschwindet er, abgesehen von gelegentlichen Besuchen, für immer seiner Heimatstadt – glücklicherweise aber nicht dem Gesichtsfeld der heutigen Besucher.

Die betreten jetzt erst das eigentlich H.-C.-

Andersen-Viertel. Zwar verfuhr die Stadt Odense im Lauf der Jahre einigermaßen gnadenlos mit ihrer historischen Substanz und schlug etwa eine breite Ringstraße durch den alten Stadtkern, immerhin aber gelang es, das einstige Armenviertel vor dem Abriß zu bewahren. Heute ist es eine idyllische Wohngegend, mit dem einzigen Nachteil für ihre Bewohner, daß sie die engen Gassen mit zweihunderttausend Touristen pro Jahr teilen müssen. Zwar fällt es schwer, sich inmitten der sauber restaurierten cremegelben, rostroten und karamelbraunen Fassaden mit den Stockrosen und dem Kopfsteinpflaster davor, den Dreck und Gestank von einst vorzustellen, die damalige Struktur aber ist erhalten geblieben.

Mittendrin duckt sich ein weißgelbes Eckhäuschen mit tiefgezogenem Ziegeldach, weißen Fenstern und weißem Schornstein. Andersens Großmutter hatte darin gewohnt, und da Erinnerung Orte braucht und niemand Einspruch erhob, wurde es 1867 »mit hoher Wahrscheinlichkeit« zu dem Geburtshaus des Enkels erklärt und gilt heute schon »mit 99,9prozentiger Sicherheit« als solches. 1905 wurde es als Museum eingerichtet, später zweimal erweitert, und heute prangt neben dem Häuschen eine fensterlose Ziegelwand, gekrönt von einem goldenen »Sonnenkopf«, nach einem Scherenschnitt von Andersen. Der Bau sei »der Umgebung sorgfältig angepaßt«, behauptet die Museumsbroschüre. Nun ja.

In den niedrigen, verwinkelten Räumen ist der weitere Lebensweg des Jungen aus der

Munkemoellestraede aufs sorgfältigste dokumentiert. Da hängen Bilder jener Familie Collin, die den Provinzler in der Hauptstadt zum Essen einlädt und ihm sogar die Schule finanziert, bis zum Abitur. Da liegen in Vitrinen Manuskripte von Theaterstücken und Singspielen, an denen er sich versucht, nachdem man ihm beim Theater und beim Königlichen Ballett unmißverständlich bedeutet hat, daß die Karrieremöglichkeiten für ungelenke menschliche Störche eher begrenzt seien. Dichter will er nun werden. Schreibt Romane und auch, weil viele das tun, Märchen.

Da finden sich aber auch Verse und gepreßte Blumen für Riborg Voigt, die Schwester eines Schulkameraden, deren Zurückweisung ihn zutiefst verstört. Es ist die erste von mehreren unglücklichen Lieben: Andersen bleibt sein Leben lang ein einsamer Mensch, der viele Nächte in Bordellen zugebracht haben soll, zu nichts anderem, als mit den Frauen zu reden. So steht es zumindest im Museum Erotica in Kopenhagen, in Odense ist keine Rede davon, und selbst der aufgeschlossene Herr Frederiksen will von dieser Seite des Lokalheroen lieber noch nie gehört haben.

Andersen leidet, nichts hält ihn mehr in Dänemark. Und so entdeckt er die vielleicht größte Leidenschaft seines Lebens: das Reisen. Im runden Kuppelsaal, den der Maler Niels Larsen Stevns 1930 mit Fresken ausgemalt hat, steht der Dichter am Kai von Neapel und blickt auf den rauchenden Vesuv. Ein paar Tage später wird er ihn besteigen, eine seiner vielen Mutproben. Fast dreißig große Auslandsreisen, durch ganz Europa, die Türkei, den Balkan, manche länger als ein halbes Jahr, absolviert er im Lauf seines Lebens. »Hätte man damals Bungeejumping gekannt, wäre er vom Kran gehüpft«, konstatiert Ole Fredriksen nüchtern. »Reisen war seine Therapie«. Denn tatsächlich war der Weltenbummler ein großer Bammelbursche. Und ein begnadeter Hypochonder dazu.

Auf seinem Reisegepäck, den abgewetzten Lederkoffern mit der Zylinderbox, dem Regenschirm und den Stiefelspannern, liegt das berühmte Seil, das er immer mit sich trägt für den Fall, daß es in einem Hotel brennen sollte. »Und nachdem er von der Beerdigung eines Scheintoten gelesen hat, legt er jede Nacht einen Zettel neben sich: ›Bin nicht tot. Schlafe nur.‹« Ob da einer wirklich nur Angst hatte – oder auch schon bewußt an seinem Image bastelte und kräftig das Bild vom skurrilen Sonderling polierte?

Ab 1835 geht es aufwärts mit seiner Schriftstellerkarriere. Ein Italienroman wird zum Erfolg, gleichzeitig die ersten Märchen. Deutschland entdeckt den Dänen für sich, Fürsten und Herzöge reißen sich um ihn, man lädt ihn ein, und er kommt liebend gern, liest vor, plaudert – am liebsten immer über sich selbst. Er giert nach Lob, Bewunderung, Beifall: Zuspruch ist der einzige Beweis, daß er es zu etwas gebracht hat, der Schlaks aus der Munkemoellestraede.

In Dänemark verfolgt man den Aufstieg mit

gemischten Gefühlen. »›Glaub bloß nicht, daß du was Besseres bist‹, lautet einer der ehernen Grundsätze unserer Gesellschaft«, sagt Ole Fredriksen. »Wer hoch hinauswill, begegnet tiefstem Mißtrauen.« Dem Sören Kierkegaards etwa, des berühmten Philosophen: »Andersen, der Jammerlappen, wird nie einen Platz im dänischen Dichterhimmel einnehmen«, tönt er über das Sensibelchen aus Odense, das eine schlechte Kritik tagelang umhauen kann.

Doch auf lange Sicht läßt sich der Durchbruch auch in Dänemark nicht verhindern. Je weiter man durch die Räume schreitet, desto mehr Orden und Anerkennungsschreiben sieht man, desto enger hängen die Lithographien, die Stahl- und Kupferstiche, Gemälde und Fotografien. Andersen, immer wieder Andersen: der Dichter im Sessel, auf der Freitreppe, am Zaun. Ein knochiges Gesicht mit leicht entrücktem Blick, verhangenen Lidern, riesiger Nase. Ein paar braune, später graue Locken ringeln sich über den Ohren, um die Lippen spielt ein leises Lächeln. Hundertfach haben sie ihn zu dem feinsinnigen Märchenonkel stilisiert, der er nie sein wollte. Inzwischen nimmt er es hin. Der öffentliche Ruhm entschädigt für die fehlende literarische Anerkennung.

»Heute weiß man es besser«, behauptet Ole Frederiksen. »Andersen war der erste dänische Schriftsteller, der eine wirklich moderne Prosa schrieb. Manche seiner Märchen sind ironische Glanzstücke, Abrechnungen mit all den Leuten, denen er eins auszuwischen hatte. Außerdem war er kein Nostalgiker, sondern ein

Mann mit Sinn für die Zukunft und großem Interesse an technischen Neuerungen. Er war begeistert von der ersten Bahnfahrt zwischen Leipzig und Dresden.«

Zumindest einen Hauch von Ironie inmitten der allgemeinen Heldenverehrung gestatten sich auch die Ausstellungsmacher. Der Zeichentrickfilm »Das weitere Leben des häßlichen Entleins« zeigt, wie der sich seiner selbst bewußt gewordene Schwan in eine tiefe Identitätskrise schlittert, sich als Stepptänzer versucht, beim Psychiater landet, sich schließlich gar zur Ente umoperieren läßt und endlich an Bord eines Dampfers nach Amerika aufbricht, einer verheißungsvollen Zukunft entgegen – während die Bänder der Donald-Duck-Mütze fröhlich im Wind flattern.

Der Rundgang durch das Museum endet in der Bibliothek: ein perfektes Finale. An den Wänden sind die schönsten Illustrationen seiner über 150 Märchen ausgestellt, in Glasschränken stehen die Übersetzungen seiner Bücher. Eine Weltkarte ist dicht mit Markierungen versehen, die dazugehörige Liste liest sich wie ein Grundkurs in Linguistik: Siamesisch, Singhalesisch, Slowakisch, Spanisch, Schwedisch ... – in rund 150 Sprachen wurden die Märchen übersetzt, jedes Jahr kommen zwei, drei neue hinzu. Nicht Goethe, nicht Shakespeare, nicht Stephen King ist der am weitesten verbreitete Autor auf dieser Erde. Es ist der Träumer aus der Munkemoellestraede.

Man sollte sich Zeit nehmen und sich ganz einlassen auf die paradoxe Geschichte vom

Schustersohn, der zum Hätschelkind der Fürsten aufstieg, vom depressiven Angsthasen, der sich Hals über Kopf in immer neue Abenteuer stürzte, vom verzweifelt Liebenden, der ein Leben lang allein blieb. Selbst das offizielle Happy-End war getrübt, schließt Ole Frederiksen zu guter Letzt: »Ausgerechnet an jenem 6. Dezember 1867, als die Stadt Odense ihn zum Ehrenbürger ernennt und die Menschen mit Fackeln zum Rathaus ziehen, um ihm zu huldigen, ausgerechnet da erwischt ihn wieder eines seiner Zipperlein: Er hat so schreckliche Zahnschmerzen, daß er das Ende der Zeremonie kaum erwarten kann.«

Ein Märchen, dies Leben? Aber sicher. Eines von der Sorte freilich, wie sie nur das Leben schreibt.

»Und das häßliche Entchen flog ins Wasser hinaus und schwamm den prächtigen Schwänen entgegen. Diese sahen es und rauschten mit brausendem Gefieder auf das Entenjunge zu. ›Tötet mich nur!‹, sagte das arme Tier, und neigte den Kopf bis auf die Wasserfläche hinab und wartete auf den Tod. Aber was sah es in dem klaren Wasser? Es sah unter sich sein eigenes Bild. Aber es war nicht mehr ein unbeholfener, schwarzgrauer Vogel, garstig und scheußlich. Es war selber ein Schwan. Und der Flieder neigte seine Zweige bis zu ihm ins Wasser hinab, und die Sonne schien so warm und so gut, da brauste sein Gefieder, der schlanke Hals reckte sich, und aus tiefem Herzen jubelte er: ›Soviel Glück habe ich mir nicht träumen lassen, als ich das häßliche Entenküken war.‹«

Allerhand Artistik

Ein Besuch im Museum Erotica in Kopenhagen

Der ein Meter hohe goldene Penis mitten im Raum läßt keinen Zweifel, worum es hier geht: um Erotik, Sex, um die Lust und den Frust und die Last mit der Lust. Die dezenten dunkelgrünen Wände, die helle Beleuchtung und die barocke Deckenbemalung machen aber auch gleich klar: mit schmuddeligen Pornokinos und kümmerlichen Peep-Shows will dieses Museum nichts gemein haben. Wir, schreit es quasi aus allen Ecken, wir sind nicht verklemmt!

Zu Beginn: die üblichen griechischen Vasen mit aufgedrehten Zentauren und schamhaft davonhuschenden Göttinnen, ein paar Penisfutterale aus Afrika und ein Plakat aus Fernost mit den Feinheiten erotischer Artistik für Schlangenfrauen und Gummimänner.

Ein paar Schritte weiter gibt Fanny Hill dem Publikum die Ehre und sich selbst einem erwartungsfrohen Adligen hin. Fanny Hill ist lebensgroß, aus Wachs im wahrsten Sinn des Wortes haargenau modelliert und erinnert doch eher an eine anatomische Lehrfigur als an das Ebenbild einer leidenschaftlichen Kurtisane. Im Wachsfigurenkabinett hält die Verruchtheit sich in Grenzen.

Aber das ist offensichtlich so gewollt. Denn wir, steht es gewissermaßen unsichtbar an allen Wänden, wir zeigen hier Geschichte und gehen dabei seriös ans Werk! Die Geschichte der Prostitution im Kopenhagen des 18. und 19. Jahrhunderts etwa wird in gelbstichigen Fotos, Behördenverfügungen, Ausspülapparaturen und Kondomen aus Tierdärmen einigermaßen anschaulich dargeboten. Da ist weit mehr von Elend als von Lust die Rede, von Doppelmoral und Männergewalt, denn während die sexhungrigen Herren in Madsens Gang Schlange standen, bis die Huren sie in ihre zugigen Dachkammern hochwinkten, wartete auf Prostituierte, die die Polizei aufgriff, der Schandkäfig.

Familienidylle kam im ersten Drittel dieses Jahrhunderts in Mode. Zeitschriften wie *Hjemmet*, Modezeichnungen und Reklameanzeigen beschworen als Lebensideal das traute Heim samt innigem Eheglück: steril, konfliktlos, verlogen. Frischer Wind tat not. Boerge Madsen, Schüler des nach Dänemark geflüchteten Wilhelm Reich, gab in den dreißiger Jahren die Zeitschrift *Sex und Gesellschaft* heraus, politische Analyse nebst praktischer Sexualberatung. Vier Jahre lang erschien sie, dann war Schluß mit freierem Sex. 1940 kamen die Nazis, singend, turnend, pausbäckig und kerngesund verklemmt: »Willst du nicht mitmachen?« fragt das blonde Mädel von der BDM-Broschüre.

Zeitungen, Faksimiles, Schrifttafeln in Dänisch und Englisch – jede Menge Papier hängt an den Wänden. Aber die Dokumente bleiben eigenartig leblos. Es gibt in diesem Museum nichts anzufassen, nichts zu riechen, nichts zu hören außer Hintergrundmusik. Erotik – das ist ein Thema wie »Die Dreifelderwirtschaft im 14. Jahrhundert« oder »Bunte Reptilienwelt am Amazonas«. Kaum zu glauben, daß Sex auch mit dem Austausch von Körperflüssigkeiten zu tun hat. Hier fehlt, sozusagen, der Saft.

Als ob den Ausstellern die Sterilität selbst aufgefallen wäre, lassen sie weitere Wachspuppen aufmarschieren. In einer Nachkriegs-Dixie-Bar schielen zwei Mädchen nach einem GI, der an der Musikbox lehnt. Weekend-Love in Kopenhagen, historisch korrekt bis in die Auswahl der Platten und die Form der Tuborg-Flaschen hinterm Tresen. Bloß – wozu?

Die sexuelle Moderne beginnt mit der Ehrengalerie der Playmates des Monats, von Marilyn Monroe im Dezember 1953 bis Anna-Maria Goddard, Januar 1994, und einer Sammlung »pikanter« Details aus dem Sexleben nicht unbedingt zeitgenössischer Prominenter. Lauren Bacall war Humphrey Bogart verfallen: »Was immer du willst – du brauchst nur zu pfeifen.« Martin Luther wußte angeblich gar nicht wohin mit seiner Potenz. Vielleicht erklärt das einen Teil reformatorischer Strenge? Auch Onassis, Freud, Gary Cooper, Mussolini oder W. C. Fields hatten ein Sexualleben, von dem in ihren Biographien nur spärlich die Rede ist. Hier dagegen um so mehr.

In einer Asservatenkammer der Lust ist das aus Film, Flensburg und Fernsehen hinlänglich bekannte Gerät versammelt, jede Menge künstlicher Schwellkörper, neunschwänziger

Peitschen und todsicherer Stimulantien. Und die Rekorde, was anatomische Besonderheiten und lüsterne Irrungen und Wirrungen angeht, purzeln nur so. Warum allerdings Homosexualität ausgerechnet hier und in peinlicher Kürze abgehandelt wird, bleibt das Geheimnis der Aussteller und nicht der einzige Mangel des Museums.

Denn in ihrem Bemühen, jedem Anflug von Peinlichkeit aus dem Weg zu gehen, haben sie der Sexualität auch alle Sinnlichkeit ausgetrieben. Bei uns, schwingt es sozusagen unhörbar durch alle Räume, kommen Voyeure nicht auf ihre Kosten! Folgerichtig bleibt die Ausstellung eine meist recht nüchterne Bestandsaufnahme. Die Gesichter vieler Besucher und Besucherinnen, die sich offensichtlich anderes erhofft haben, sprechen für sich. Richtig gerecht wird das Erotica seinem Thema erst wieder, wo es ironisch mit ihm verfährt, wie in dem kleinen Kino, in dem Schwarzweißpornos aus den zwanziger Jahren vorgeführt werden. Wer sich in die Reihen setzt, wird, ob er will oder nicht, unmittelbar selbst zum Teil der Ausstellung: Und hier sehen Sie, Damen und Herren, den typischen muffigen Pornogucker! Ganz am Ende laufen auf einer großen Videowand zwölf verschiedene Sexfilme gleichzeitig. Ein nicht endenwollendes Gerüttel und Gewackel und Geschiebe: Hochleistungssportler im Einsatz, eine Abfolge ermüdender Rituale, Orgasmen am Fließband – wo bleibt da eigentlich der Spaß, denkt sich der Betrachter. Und wird so doch einmal auf die richtige Frage gestoßen.

Ernüchtert verläßt er das Haus, um eine Einsicht allerdings reicher: Sex, das ist und bleibt das Einfache – bei dem manche es sich verdammt schwermachen. Und umgekehrt. Auch im Museum.

Wenn der Wind nicht jammern will

Als Seebär auf Zeit auf alten Holzseglern rund um Fünen

Warum eigentlich nicht? Warum sollten nicht am Rumpf der Bonavista dort drüben plötzlich seitliche Luken aufgehen, gleich darauf Rauchwölkchen sich darüber kräuseln und im selben Moment die erste Kanonenkugel fünf Meter von unserem Bug entfernt mit einem häßlichen Platschen in der See landen? Warum könnte nicht an Bord der Aaron, hundert Meter backbord vor uns, das Wasser faulig geworden sein und die Mannschaft, zahnlos durch Skorbut und halbverrückt unter der glühenden Sonne, eben ihren ersten Offizier an die Rahe des Großmasts knüpfen, während der Käpten sich mit den letzten Getreuen in der Messe verschanzt hat?

Und warum sollten wir auf der Haabet nicht gerade zurückkehren von großer Fahrt, gegerbt vom Backofen Südsee und den Stürmen um Kap Hoorn, erwartungsvoll und ängstlich zugleich, ob denn die Frau auf uns gewartet habe während der zwei Jahre Abwesenheit und die alten Eltern noch leben? Warum nicht? Na klar: Weil über der Bonavista nicht die Flagge mit dem Totenkopf prangt, sondern ein Segel mit der Aufschrift »Vindkraft ja tak«. Weil die Männer auf der Aaron, zehn deutsche Urlauber, heute morgen noch einen wohlgenährten und geistig ausgeglichenen Eindruck hinterließen und sich mit ihrem dänischen Kapitän bestens verstanden. Und weil die Haabet nicht seit zwei Jahren auf dem Atlantik unterwegs ist, sondern gerade mal zwei Stunden auf der Ostsee, an Bord nicht ein Dutzend mit allen Salzwassern gewaschene Freibeuter, sondern fünfzehn nautisch mehr oder minder unbeleckte Seebären auf Zeit. Kurz und gut: weil wir nicht in einem Roman von Joseph Conrad oder C. S. Forester mitspielen. Sondern teilnehmen an der jährlichen Regatta »Rund um Fünen für bewahrungswürdige Holzschiffe«. Darum nicht.

Aber wer sollte hier nicht ins Träumen kommen: Die See rundum ist übersät von Windjammern. Aschgraue, ochsenblutrote, sienabraune und lilienweiße Segel über braunen und schwarzen Rümpfen liegen weiträumig auf der himmelblauen Fläche verstreut. Fast bewegungslos, wie angeordnet zum Schiffeversenken, diesmal in groß.

Fünfunddreißig sind es insgesamt, etwa der zehnte Teil der dänischen Flotte restaurierter Holzsegler. Die Nacht hatten sie im Hafen von Assens verbracht: Schiff an Schiff in Dreier- und Viererreihen nebeneinander festgemacht, ein dürrer Wald aus Masten, Rahen und Tauwerk, aufgereiht vor dem Denkmal des Peter Willemoes, jenes dänischen Marineoffiziers, der, als er 1808 in einer Seeschlacht gegen die Engländer fiel, gerade mal 25 Jahre alt war und sich doch bereits einen hervorragenden Ruf als draufgängerischer Teufelskerl erworben hatte.

Um zehn Uhr morgens hatten sie abgelegt. Schiff auf Schiff hatten die Kapitäne mit Hilfe der Dieselmotoren hinausbugsiert auf die See: Jachten, Schoner, Galeassen. Segel wurden gesetzt. Dann war über Funk das Startsignal gekommen. »Starte!« Und Marcus Andersen, Kapitän der Haabet, hatte Großes versprochen: »Am ersten Tag waren wir elfter. Elfter auch am zweiten. Gestern neunter. Aber heute, mein Gott, heute wird was passieren!«.

Die »Haabet«, die »Hoffnung«, ist eine Galeasse, soviel hat der Seebär auf Zeit schon gelernt: ein Küstensegler, dreiunddreißig Meter lang, sechs Meter breit, mit dem fülligen Rumpf einer Jacht, einem fünfundzwanzig Meter hohen Großmast, niedrigerem Besanmast und einfacher Takelage: Großsegel in der Mitte, Besansegel hinten, will sagen: achtern, zwei Toppsegel darüber und drei Vorsegel überm Bug. 320 Quadratmeter Segelfläche, wenn alles aufgezogen ist. »Fürs erste genügt das an nautischem Wissen«, brummelt Harry Voigt, einer der Passagiere. Der pensionierte Verlagsleiter ist vor fünfzig Jahren als Marinelehrling noch an Bord der alten Passat gesegelt – und jetzt eine wertvolle Informationsquelle für Landratten.

Rundum Wasser – nein, das stimmt nicht so ganz: »Draußen in diesem wogenden Blau schwimmen die dänischen Inseln, über hundert an der Zahl, einige groß, andre klein, aber alle gleich üppig und grün, ein Archipelagus von schwimmenden Gärten, strotzend von Getreide und den prächtigsten Wäldern ...«, so schrieb

1890 Henrik Pontoppidan, der später den Literaturnobelpreis erhielt, in seinen »Reisebildern aus Dänemark«. So viel hat sich seitdem gar nicht verändert. *Fyn er fin* – Dänemarks Garten ist immer noch sehr ansehnlich. Plötzlich dreht der Wind, eine leichte Brise kommt auf. Und auf einmal gibt es für den Seebären auf Zeit keinen sicheren Ort mehr an Deck. Vorn im Bug, wo sich eben noch so beschaulich träumen ließ, drängt ihn der barfüßige Morten, ein echter Seemann, zur Seite: Er muß jetzt unbedingt auf den Bugspriet klettern. Über dem Dach der Kajüte, bequemer Liegeplatz vorhin, schwingt gefährlich knarrend der Baum des Großmasts und verspricht allen Leichtsinnigen heftige Beulen. An der Reling ziehen vier Männer und eine Frau mit Hilfe eines Seils ein Segel hoch. Und auf dem eben noch so proper geordneten Deck liegen jetzt wirre Bündel von Tauen als heimtückische Fußangeln aus. Überall wird gezurrt und gezogen, gerefft und geknotet – und die Seebären auf Zeit irren herzlich ahnungslos dazwischen herum.

Dann ist das erledigt. Ein Zusatzsegel ist gesetzt, die anderen Segel sind getrimmt, der neuen Richtung des Windes also angepaßt und festgezurrt. Zufrieden blicken Männer und Frauen hinauf in die Masten. Die Arbeit macht jetzt der Wind. Aber der, um das vorwegzunehmen, überanstrengt sich an diesem Tag nun wirklich nicht.

Die Seele der Haabet ist Marcus Andersen. Groß, füllig, 59 Jahre alt, Zollbeamter von Beruf, Teilreeder und Freizeitkapitän aus Berufung. Als Siebzehnjähriger ging der Bauernjunge aus Jütland zur dänischen Marine. Der Familie wegen wechselte er später zum Zoll. Doch »einmal Seemann, immer Seemann«, das Meer ließ ihn nicht mehr los. Zusammen mit fünf Freunden suchte er jahrelang nach einem alten Segler. 1995 entdeckten sie in Svendborg die Haabet. 81 Jahre hatte sie auf dem Buckel. War ein halbes Menschenalter mit Zement und Holz über die Ostsee geschippert, zunächst nur unter Segeln, ab den zwanziger Jahren dann motorisiert, ehe ein neuer Besitzer sie 1959 zum Angelkutter umrüstete.

Das Schiff war in einem erbarmungswürdigen Zustand: »Als wir das Steuerhaus abrissen, hätten wir Radieschen säen können – soviel Dreck türmte sich in allen Winkeln«, grinst der Käpten. Zwei Jahre lang schufteten sie sich krumm, nahmen Kredite auf, »wurden Unfreunde und wieder Freunde«, jedes Wochenende verbrachte Marcus Andersen auf dem Beinahewrack, oftmals ganz allein. »Aber wir Menschen sind Gott sei Dank so: wenn eine große Aufgabe vor uns steht, werden wir stur.« Und also baute er Kajüten und Kombüse ein und verlegte Rohre für Toiletten und Dusche. Auf der Holzschiffswerft Ring Andersen in Svendborg wurden 110 Meter Eichenplanken ausgetauscht und zwei Masten aus siebzig Jahre alter Douglasfichte gesetzt, Segel aus Dacron wurden zugeschnitten und rund zweieinhalb Kilometer Tau gespannt – dann war es soweit. Am 28. Mai 1977 stach die Haabet wieder in See.

Umgerechnet rund eine halbe Million Euro haben die sechs in das Schiff investiert. Soviel Geld, soviel Zeit, soviel Mühe – aus welchem Grund? »Als Zöllner saß ich mein Leben lang auf der falschen Seite des Tisches«, sagt Marcus Andersen ernst. »Ich habe kontrolliert, geprüft, Leute genervt. Jetzt, zu meinem Lebensabend hin, soll das anders werden. Jetzt will ich die Zeit unter freundlichen und fröhlichen Menschen verbringen. Wer in der Seefahrt erzogen wurde, der sucht sein Leben lang nach Gemeinschaft.«

Die Seefahrt hat in Dänemark eine große Tradition. Noch vor einem Jahrhundert lebte mehr als die Hälfte der Bevölkerung an der Küste von der Segelschiffahrt: 654 Schiffe zählte die Flotte Südfünens im Jahre 1854. Jachten, Schaluppen, Schoner, Galeassen waren da draußen unterwegs, aber auch kleinere Tjalken, Schuten, Logger und Quatze. Sie brachten Getreide nach Holland und England, holten Holz aus finnischen und schwedischen Häfen oder fuhren mit Kohle und Salz nach Südamerika und kamen mit Kabeljau aus Neufundland zurück. Wer nicht an Bord ging, arbeitete auf der Werft, bei den Speichern, in einem Reedereikontor. Oder war Blockschmied, Takler, Segelmacher. Bis die Weltwirtschaftskrise 1920 den Großteil der Schiffe stillegte – die meisten für immer.

Die Luft ist raus! Nein, so würde natürlich kein Seemann sagen. Sondern: Es hat abgeflaut. Aber das Ergebnis ist das gleiche: Glatt hängen die Segel von den Rahen. Langsam, fast unmerklich gleitet die Haabet nach Süden. An Bord herrscht Urlaubsstimmung. Morten und Fleming, zwei der drei Jungs von der Besatzung, rücken ihre braungebrannten Oberkörper und die prächtigen Schlangentätowierungen ins rechte Licht. Skipper, der blondgelockte Strahlemann, wienert ein Bullauge mit Sidolin. Aus der Kombüse riecht es nach Bratkartoffeln. Die Passagiere dösen in der Sonne, lösen Kreuzworträtsel oder pulen Krabben fürs Abendessen. Vier von ihnen verbringen alle fünf Tage der Regatta an Bord. »Eng ist es in den Kabinen. Und heiß. Wahnsinnig heiß«, sagt Heidi Brückner, Deutschlehrerin aus Odense. »Aber das Wetter hautnah zu erleben ist ja gerade das Schöne. Morgens Regen und Wind, nachmittags dann Sonne und Hitze. Jetzt, wo wir in einer Flaute stecken, kann man sich richtig vorstellen, wie wichtig in alten Tagen der Wind war: wenn langsam das Trinkwasser knapp wurde, und man zusehen mußte, wie die Ladung verfaulte, und man gar nichts tun konnte als warten ... Ach, und gestern spielte eine Gruppe kleiner Tümmler um das Schiff, *marsvin*, Meerschweine. Um all das mitzukriegen, verzichte ich gerne auf Mallorca.«

Zwischen Käpten und Besatzung geht es ruhig und gesittet zu. »Wir haben abgemacht, daß wir freundlich zueinander sind«, meint Marcus Andersen ernst. »Wir fragen einander, wenn etwas zu entscheiden ist: Was meinst du, und was denkst du, vom Jüngsten bis zum Ältesten.«

Passagiere, die mitarbeiten wollen, können mitarbeiten. Morten, Fleming und Skipper mühen sich redlich, solche Anstrengungen zu würdigen – auch wenn sie die Abläufe manchmal eher erschweren. Und das Erlernen der Regeln der christlichen Seefahrt? Ein Crashkurs in Sachen Segeln ist ein solcher Tagestrip natürlich nicht. Und doch füllen sich für den Seebären auf Zeit nach und nach einzelne Begriffe erstmals mit Inhalt: Segel reffen und bergen – das meint also, das Segel herunterzulassen und in ordentlichen Falten auf den Baum zu binden! Rahsegel sind Quersegel, wie sie die Haabet nicht aufzuweisen hat. Die Flaschenzüge, die die Taue spannen, welche die Masten stützen, heißen Taljen. Während diese Taue selbst natürlich Wanten sind.

Aber das sind nur erste Schritte ins Dickicht der Begriffe. Bis zur genauen Kenntnis von Jager, Klüver, Vorstengestagsegel, Stagfock, Obertoppsegel, Gaffelfock, Großgaffeltoppsegel und Großsegel ist noch ein weiter Weg. Und wer damit immer noch nicht ausgelastet ist, kann natürlich auch Dänisch lernen: *mesanmast, storsejl, yderklyver* – alle wichtigen Teile an Bord sind beschildert. Vor allem eines aber lernt der Laie: Segeln ist kein einfaches Unterfangen. Dauernd die Blicke hoch in die Masten, dauernd das Schnüffeln in den Wind. Mal zieht die Mannschaft ein Zusatzsegel auf, das sie von der Aaron geliehen hat. Mal nimmt sie ein Toppsegel weg. Segeln, scheint es, ist nicht nur eine Tätigkeit, die nach jahrhundertelang erprobten Regeln abläuft, sondern genausooft

Versuch und Irrtum. Segeln ist das Bemühen, im rechten Augenblick das Richtige zu tun. Und das können die einen eben besser als andere – wie sollte es sonst einen Sieger geben.

Der heißt im übrigen auch heute wieder nicht Haabet. Ohne großes Aufhebens passiert das Schiff nach dreieinhalb Stunden und zehn Seemeilen die Ziellinie zwischen zwei Tonnen. Als zwölfter in der Runde der über fünfzig Tonnen schweren Schiffe. Zwölf davon sind an den Start gegangen. »Aber morgen«, droht Marcus Andersen, ungebrochen dem Prinzip Hoffnung verpflichtet. Die Arbeit ist getan. Die Mannschaft refft die Segel, zurrt sie am Baum fest. Die Haabet dümpelt vor sich hin. Zeit für einen Sprung ins Wasser, Zeit auch fürs Mittagessen. Kein angegammeltes Pökelfleisch gibt es, und kein Hartbrot, aus dem erst die Maden herausgeklopft werden müssen. Statt dessen gebeizten Lachs, Frikadellen, Hering in allen Variationen. Dazu Gurke, Rote Beete und gekochte Eier. Und statt fauligem Brackwasser ein kühles Carlsberg. Moderne Seefahrt hat ihre Vorteile.

In drei Stunden werden die Schiffe in Faaborg einlaufen. Wieder, wie in jedem Hafen, wird abends ein Fest stattfinden. Wieder werden die Softwarespezialisten, Fachärztinnen, Automechaniker, die insgesamt fünfhundert Seebären auf Zeit, würdige Vertreter aller Freibeuter der sieben Meere abgeben. Vertreter? Oder sollte der vollbärtige Hüne mit dem verwegen ums schüttere Haupthaar geschlungenen Tuch, dem die Remoulade vom Hot dog auf die Finger tropft, nicht in Wirklichkeit doch Erik der Rote sein? Und könnte es sich bei den Herrschaften aus dem Holsteinischen, die, um einen Kasten Tuborg gruppiert, »Rolling home« gröhlen, nicht vielleicht um Klaus Störtebeker und seine Liekendeeler handeln, inkognito unterwegs, versteht sich? Ja, warum eigentlich nicht?

Süße Sommergranaten

Seit über hundert Jahren werden bei Soemods Bolcher in Kopenhagen Bonbons von Hand hergestellt

Giftgrün schimmern sie, und blaßrosa. Tiefschwarz, metallicbraun und grellorange. Kissen mit bunten Streifen finden sich unter ihnen, Taler, Schnitze, erstarrte Tropfen, blutrote Röhren mit zartgelbem Mark. Sie haben so klangvolle Namen wie »Sommergranaten«, »Theater Roks« und »Store Sucre D'or«. Und sie sind das, was man gemeinhin eine süße Versuchung nennt: Soemods *bolcher*. Soemods Bonbons.

Im Hinterhof der Norregade 36, mitten im Zentrum von Kopenhagen, betreibt Familie Soemod ihre Bonbonfabrik, genauer: ihre Manufaktur, die letzte ihrer Art in Dänemark. Seit 1891 existiert das Unternehmen, das Königshaus gratulierte rechtzeitig zum Hundertjährigen mit der Ernennung zum Königlich Dänischen Hoflieferanten. In der vierten Generation kochen die Soemods nun schon die süßen Dinger, aus reinem Perlzucker, angeblich nur mit natürlichen Geschmacksstoffen und ohne Konservierungsmittel. Von den Farbstoffen dagegen kommen einige aus dem Labor – so grelle Töne kriegt die Natur nicht hin. Zwischen zwölf und zwanzig Kilo Bonbons am Tag werden hier hergestellt, vierzig Tonnen pro Jahr. Verkauft werden sie in dem angeschlossenen kleinen Geschäft, das so ganz dem nostalgischen Klischee eines Tante-Emma-Lädchens entspricht: Butzenscheiben, eine rasselnde Registrierkasse, freundliche ältere Damen in weißen Schürzen, Gläser voller Bonbons, Lutscher und Zuckerstangen. Wer will, kann sich gleich daneben ansehen, wie sie gemacht werden.

Die Rezepte sind aus dem Gründerjahr, auch einige Maschinen und Töpfe stammen noch von damals. Eiserne Pressen und Walzen sind noch in Gebrauch, verschieden geformte Düsen und Schnecken hängen sorgfältig geordnet an der Wand, verbeulte graue Blechdosen stehen auf Regalen. In einem Kupferkessel siedet Zucker. Einer der beiden Arbeiter – nennen wir sie Sven und Jens – gießt den flüssigen Inhalt auf den Arbeitstisch. Vier Meter lang ist der, einen Meter breit, mit Blech beschlagen. Die Kanten sind nach oben gebogen, so daß eine flache Wanne entsteht. Die gelbe Masse zerläuft darauf wie Honig. Damit sie sich nicht festsetzt, wird sie an den Rändern mit Spachteln gelöst und nach innen geschlagen, wieder und wieder, bis sie sich zu einem bernsteinfarbenen, immer zäher auseinanderfließenden Block verfestigt. Mit dem Finger bohrt Sven ein Loch, gießt aus einem Röhrchen etwas Flüssigkeit hinein und knetet die Masse durch. Ein frischer Geruch nach Pfefferminz breitet sich im Raum aus.

Etwas seitlich steht ein Pfosten, ein Haken ragt aus ihm hervor. Über den wirft Jens den elastischen Ballen, zieht ihn lang zu einem dicken Tau, zwirbelt, dreht und drillt ihn um sich selbst, wirft ihn zurück und zieht ihn verdoppelt wieder in die Länge, noch einmal und noch einmal. Erstaunliches passiert: Die amorphe Masse erhält durch diese Bearbeitung allmählich eine seidige Struktur, ein elfenbeinfarbener Strang entsteht. Wieder wird der auf dem Tisch zu einem flachen Block geknetet. Sven breitet einen Klumpen einer bräunlichen Masse darauf aus – Schokolade, wie wir gleich merken – schlägt die Zuckermasse drumherum, dichtet sie an allen Seiten ab und formt daraus eine dicke Rolle. Die hält er unter einer vorsintflutlichen Höhensonne geschmeidig und weich und zieht sie an dem einen Ende zu einem zwei Zentimeter dünnen Wulst aus, den er nach jedem halben Meter mit der Schere abknipst. Sven hat inzwischen einen der hundertjährigen Apparate auf den Tisch gewuchtet, eine Schneidemaschine mit zirka zwanzig parallel angeordneten runden Scheiben, einem alten Heizkörper nicht unähnlich. Die Zukkernudel wird oben eingelegt, ein Dreh am Schwungrad, und unten purzeln schwarz-weiße Bonbons heraus. Ein Tischfön kühlt sie ab, ein Gehilfe sortiert die Randstücke heraus. Wir haben die Geburt von *choko fyllt med pebermint* miterlebt.

Und nun dürfen wir kosten. – Ja, sie sind es. Genau die Klumpen sind es, die früher in den Papiertüten zu klebrigem Geröll zusammenpappten. Die man im Mund hin- und herschob, mit der Zunge liebkoste und schließlich, was um der Zahnfüllungen willen nicht sein sollte, krachend zerbiß. Die Art von Bonbons, die man halb aufgelutscht weitergab. Freundschaften besiegelte das und verlieh der Verehrung für die Sandkastenliebe erst Gewicht. Es sind die Bonbons, die die Kinder kurz ins Glück entrückten. Und Zahnärzte stets zufrieden schmunzeln ließen. Doch es sind nicht mehr die Zwei-Pfennig-Bonbons von einst. 150 Gramm *bolcher* kosten heute im Lädchen nebendran um die zwanzig Kronen, macht pro Stück rund zehn Cent. Handarbeit hat auch in Kopenhagen ihren Preis, doch wer ein dänisches Mitbringsel sucht, fragt nicht unbedingt danach. Die Kinder interessiert das ohnehin nicht weiter. Ihre süßen Träume heißen heute anders: Gummibärchen, Fruchtzwerge, Überraschungseier, Schokoriegel. Bonbons? Kids essen keine Bonbons mehr.

Refugium der besseren Kreise

Dagmar, Dänemarks ältestes Hotel, in Ribe, Dänemarks ältester Stadt

In der Idylle ist gut sein. Wo Backsteinmauern und eichene Balken den Geist von Jahrhunderten atmen und doch in der Minibar der Whisky kühlt und die Serviererin mit geübtem Schwung die »Rotzungentournedos in geräucherter Fischconsommé« auf dem Tisch plaziert, da fühlt sich der Gast am richtigen Platz: zu Hause in der Vergangenheit. Und zugleich aufgehoben im Komfort heutiger Tage.

Man weiß sich hier einem Ruf verpflichtet: Das Hotel Dagmar in Ribe ist Dänemarks ältestes Hotel. Und all die Textiltapeten und goldgerahmten Seestücke, die geschwungenen Stühle und blankpolierten Treppengeländer strahlen den Glanz einer alten Zeit aus, die sicher auch eine »gute« war für die, die es sich leisten konnten, hier abzusteigen: Viehhändler, Landgräfinnen, Regierungbeamte auf Durchreise.

In seiner eher gemütlichen als repräsentativen Eleganz spiegelt sich sehr direkt das Selbstverständnis der »besseren Kreise« Dänemarks wieder, damals wie heute: Wir wollen schon etwas hermachen. Aber immer mehr sein als scheinen. Und immer mehr Geld behalten als ausgeben. Gebremste Verschwendung, Luxus auf Sparflamme.

Im Jahre 1581 ließ der Ratsherr Lavrids Theogersen direkt am Marktplatz von Ribe den winkelförmigen Hof errichten, anstelle eines Hauses, das im Jahr zuvor ein Feuer zerstört hatte nebst der halben Stadt. Abwechselnd lebten Bürgermeister, Kaufleute und Stadtpräsidenten darin, bis es, etwa um 1800, in einen Gasthof, Greisens Hotel, umgewandelt wurde. Dagmar heißt es erst seit 1912, als grundlegend renoviert wurde.

Heute ist es ein hübsches Hotel mit fünfzig bequem eingerichteten, in Pastelltönen gehaltenen Doppelzimmern, einige davon mit Dachschrägen und Erkerfenstern. Die Lobby erinnert an eine bürgerliche Gute Stube, die Wandbemalung im Treppenaufgang erzählt aus der Geschichte des Hauses. Einrichtung und Mobiliar des Speisesaals erfreuen jeden Antiquar, während die darin gereichten Steinbeißermedaillons, Taubenbrüste und Kalbslenden eher den Feinschmecker zum erwartungsvollen Schmunzeln bringen. Und im Sommer wird im Hof auf altem Kopfsteinpflaster unter jungen Bäumen Bier ausgeschenkt.

Selten, daß ein Haus so sehr seinen passenden Platz gefunden hat: direkt gegenüber dem achthundert Jahre alten Dom, im Herzen des Neuntausend-Einwohner-Städtchens Ribe, das seinerseits mit einem Rekord aufwarten kann: Es ist die älteste Stadt im Staate Dänemark.

Schon um 700 gründeten die Wikinger an diesem Knotenpunkt von Schiffs- und Landwegen einen Handelsplatz. Bald schon entwickelte er sich zu einem Zentrum des Kaufens und Verkaufens zwischen Skandinavien und Westeuropa: Fisch und Vieh, Glas und Korn, Tran und Seide wechselten hier die Besitzer. Eine Kirche entstand, ein Stadtgraben wurde ausgehoben, später ein Dom gebaut, ein Bischof eingesetzt. 1269 erhielt Ribe das Stadtrecht und wurde bald von den Hansestädten als eine der ihren angesehen, ohne offiziell dazuzugehören. Vielleicht weil die Kaufleute sich in einem so typisch hanseatisch zeigten: »Sie waren besonders anfällig für die Todsünde der Habgier.«

Dieser mittelalterliche Handelsplatz ersteht noch einmal im Vikinger-Museum mit seiner Ausstellung von Waffen, Kochtöpfen, Glasperlen und Heiligenstatuen. Eine ganze Hafenszene ist aufgebaut, mit einem Bohlenweg, einem Schiff, das Dörrfisch, Specksteintöpfe und Narwalzähne geladen hat, und einer Karre voller Töpfe und Mühlsteine. Der Schmied sitzt am Feuer, Hühner scharren in den Abfallgruben, und klammheimlich pinkelt einer im dreckigen Wams hinter eine Weide.

Ab dem 17. Jahrhundert änderten sich die Handelswege. Profit wurde plötzlich anderswo gemacht. In Ribe blieb er aus – zum Glück der heutigen Bewohner der Stadt, die vielfach vom Tourismus leben. Denn wo kein Geld hereinkommt, wird auch nicht mehr gebaut. So kam es, daß ein Großteil der Backstein- und Fachwerkhäuser aus dem 16. Jahrhundert erhalten blieb und Kopfsteinpflaster und enge Gassen immer noch das Stadtbild prägen.

Am anregendsten wird Ribe am Abend.

Dann dreht der Nachtwächter seine Runde – seit 1932 nun schon wieder, auf Betreiben des Fremdenverkehrsvereins, nachdem der letzte seiner Zunft erst dreißig Jahre zuvor den Morgenstern aus der Hand gelegt hatte. Punkt zehn Uhr intoniert er auf dem Marktplatz sein Lied und sammelt die Touristenschäflein um sich. Wie die Ratten führt er den Trupp zwischen den Backsteinfassaden hindurch, erzählt hier ein Stück Stadtgeschichte, da eine Anekdote, auch in fließendem Englisch, versteht sich, während der Schein der Laterne auf den Mauern tanzt und die nächtlichen Spaziergänger groteske Schatten werfen.

Schließlich wird es Zeit, zurückzukehren in das Heim für eine Nacht. Vielleicht sind im Vaegterkaelderen noch ein paar Rippchen und ein dunkles Half-&-Half-Bier zu kriegen. Ehe es endgültig hoch geht, über Treppen und verwinkelte Flure unter das Dach, unter dem schon so viele angesehene Bürger ihr müdes Haupt zur Ruhe gebettet haben. Übernachten? – nein: Nächtigen in diesem Refugium der besseren Kreise bleibt ein Erlebnis der anderen Art. Hochromantisch, nennt man das wohl.

Buckelwal und Wattwurmgabel

Im Seefahrtsmuseum von Esbjerg dreht sich alles um Schiffe und Fische

Die Laute sind fremd und befremdend zugleich. Mal ähneln sie einem melodiösen Muhen, mal dem Fiepen von Hundewelpen. Mal hören sie sich wie sanftes Glucksen an, dann wieder wie ein anschwellendes Trompeten, das sich fortsetzt wie ein Echo, das zwischen Bergwänden hin- und hergeworfen wird. Es pfeift, schnarrt und knurrt, eine sich wiederholende Abfolge unbekannter Töne: So also klingt der vielgerühmte Gesang der Buckelwale. Das rhythmische Knattern und Tacken dagegen, das an das Klicken des Gewinnrades auf einem Straßenfest erinnert, stammt von einem Pottwal, der sich in einem Fjord der Färöer-Inseln tummelte. Ein außergewöhnliches akustisches Ensemble insgesamt, das den Walen zur Orientierung, zur Jagd und zur Verständigung untereinander dient.

Hier, im Fischerei- und Seefahrtsmuseum von Esbjerg an der dänischen Nordseeküste, kommt es vom Tonband und bildet die Hörkulisse zu einer Ausstellung über Wale. Aber sie ist nur eine der Attraktionen des 1962 gebauten Museums. Den Schwerpunkt bildet eine umfangreiche, lebendig gestaltete Dauerausstellung zur Geschichte der Fischerei in Dänemark, die jährlich über 180.000 Besucherinnen und Besucher anzieht.

In einem in die Ecke der Halle gemauerten Backsteinhäuschen mit Reetdach sitzt ein alter Fischer aus Wachs an einer hölzernen Maschine, beschäftigt mit dem Zwirnen von Angelschnüren und dem Befestigen der Haken daran. 2400 solcher Haken waren für jede Ausfahrt zu beködern, hinterher zu säubern und zu reparieren. Die dazu gehörige Langleine hängt am Werkzeugschuppen, daneben stehen Lederstiefel, Aalkörbe und Wattwurmgabeln, und es riecht richtig nach Teer. Kutter und Jollen, aber auch Radar- und Echolotgeräte dokumentieren die Weiterentwicklung der Fischereifahrzeuge im Verlauf der letzten hundert Jahre. Reusen und Waden, Lachsspeere, Stell- und Schleppnetze zeigen, wieviel Einfallsreichtum die Küstenbewohner aufwandten, um ihre Körbe voll zu bekommen.

Der Hering, einst Delikatesse, dann Alltagsnahrung, machte Esbjerg zum größten Fischereihafen Dänemarks. Von hier aus gingen die Konserven in alle Welt, ein Album voll bunter Etiketten erinnert daran. Der Hering war es auch, der zum ersten Industriefisch wurde und nach dem Zweiten Weltkrieg in den neu gegründeten Fabriken zu Fischmehl und -öl verarbeitet wurde, ehe sein Preis wieder stieg und man andere Kleinfische als »Rohstoff« entdeckte.

Vor einigen Jahren wurde das Museum um ein großes Außengelände erweitert. Eine Räucherei, Hütten, Kutter und das Feuerhaus eines Leuchtturms sind dort von innen und außen zu besichtigen. Ein eigener kleiner Hafen mit

Kran, Helling und Kai wurde angelegt und sogar einen deutschen Bunker aus dem Zweiten Weltkrieg integrierten die Architekten in die Dünen. Im Sommer wird hier Fisch getrocknet, Schiffszimmermann, Schmied und Netzmacher arbeiten fürs Auge, und täglich fährt der alte Kutter Claus Soerensen auf See, an Bord wechselnde Schulklassen und zwei ehemalige Fischer als Besatzung. Alles dreht sich hier um Schiffe und Fische und Meerestiere – auch um lebende. Acht Seehunde sind im 1976 eingerichteten Robbarium beim Schwimmen und Fressen zu beobachten. Manchmal wird ein Heuler, ein verlassenes Junges aus dem Watt, hier großgezogen.

Im Meerwasseraquarium sind siebzig Prozent aller in der Nordsee vorkommenden Fischarten und Meerestiere versammelt. Anstatt mit Wurzeln und bizarren Felsen, die es auf dem Grund der Nordsee ohnehin nicht gibt, sind die Becken mit Plastiken des Keramikers Ole Soerensen ausgestattet. Die künstliche Unterwasserwelt wird ausdrücklich als solche ausgewiesen. Da gleiten Meeräschen und Wittlinge zwischen glasierten Säulen hindurch, katzenzähnige Steinbeißer blicken hinter glatten Kugeln hervor. Ein Steinbutt hat sich dem gesprenkelten Kies des Untergrunds angepaßt, der im nächsten Becken ähnelt dem hellgrauen Sand dort auf dem Grund. Knurrhähne sehen ein bißchen vorwurfsvoll, Petermännchen unglaublich herablassend auf den Betrachter. In der Ecke hat sich ein moosbewachsener flacher Stein in den Sand gewühlt. Ein Stein mit Augen aber, mit einer Antenne auf dem Rücken und einem Maul, das ein beeindruckendes Arsenal kleiner spitzer Zähne freigibt: ein Seeteufel. Katzenhaie und Dorsche gibt es, Conger und Meerforellen, Hummer und Seehasen, Tiere, an denen einmal in der Nordsee kein Mangel war. Es ist wie der Blick in eine gute alte Fischerzeit.

Über die Fischerei der Gegenwart allerdings, schwimmende Fischfabriken und leergeplünderte Gewässer, erfährt man in Esbjerg nichts Genaueres. Eine Sonderschau darüber hat es vor einigen Jahren gegeben, in der Dauerausstellung aber ist nicht weiter die Rede davon. Schließlich gehört der Fischereiverband zu den eifrigen Förderern des Museums.

Mit der Walausstellung tut er sich weniger schwer. Walfang betreiben die Dänen nicht mehr, Wale haben eine öffentliche Lobby und sind von öffentlichem Interesse, seit sie an Dänemarks Küsten sterben. Das ist keine Seltenheit mehr. Mehr als zwanzig Pottwale, Zwergwale, Schwertwale, Langfinnen- und Weißseitendelphinwale sind seit 1976 gestrandet – nicht gerechnet die Tümmler und Schweinswale, die als Beifang in den Netzen der Fischtrawler enden und ins Meer geworfen werden. »Seit zehn Jahren passiert so etwas immer öfter, und das Publikum will wissen, was dahintersteckt«, sagt Svend Tongaard, Biologe in Esbjerg. »Deshalb machen wir die Ausstellung. Aber wir stellen eher noch mehr Fragen, als daß wir Antworten geben könnten.«

Mit Fotos und Modellen, mit Skeletten und

Schrifttafeln in Dänisch, Englisch und Deutsch bietet die Ausstellung einen nüchternen ersten Einblick in das Leben der Meeressäuger, die von menschlichen Bewunderern mit großer Vorliebe kitschig verklärt oder mythologisch bemüht werden.

Ihre Vorfahren waren Landbewohner, erfährt der Besucher, die sich nach und nach dem Leben im Meer anpaßten. Dabei brachten sie es zu erstaunlichen Errungenschaften: So entwickelten die großen Wale ein Wärmeaustauschverfahren, dank dessen sie im kalten Tiefwasser überleben können. Andere Arten lernten intensiv miteinander zu kommunizieren und dabei sogar auf Frequenzbereiche umzuschalten, auf denen ihre Gegner »taub« sind. Schweinswale etwa vermögen sich miteinander zu unterhalten, ohne daß ein in der Nähe befindlicher Schwertwal, ihr Jäger, dies wahrnehmen würde. Neu wird vielen Besuchern auch sein, daß Wale über eine Art »Fingerabdruck« verfügen, anhand dessen sie unzweifelhaft identifiziert werden können. Die Schwanzflosse eines jeden Wales, die Fluke, ist verschieden von der aller anderen Wale, unverwechselbar in der Form.

Im Foyer des Museums ist das zehn Meter lange Skelett eines Pottwals aufgestellt. Der spitz zulaufende Schädel ist allein zwei Meter lang und einen Meter hoch, die Rückenwirbel erscheinen wie Trommeln, die auf eine Stange aufgezogen wurden. Auch er wurde angeschwemmt, 1990 in Nymindegab. Warum?

Eine wissenschaftlich gesicherte Erklärung

gibt es noch nicht. Die meiste Zustimmung findet bisher eine Theorie englischer Meeresbiologen: Im Spätherbst ziehen die Wale vom Nord- in den Südatlantik. Auf der Höhe der Färöer, wo sie eigentlich »nach rechts, Richtung Schottland, abbiegen« müßten, verlieren sie aufgrund magnetischer Störungen, bedingt durch Turbulenzen auf der Sonne, ihr Orientierungsvermögen und schwimmen fatalerweise in die Nordsee. Das ungewohnt niedrige Wasser dort und die flachen Sandstrände erschweren ihnen die akustische Orientierung, sie finden sich nicht mehr zurecht. Erschöpft schwimmen sie irgendwann ans Ufer, um nicht im tiefen Wasser zu ertrinken.

Beim Verlassen des Gebäudes ist aus der Halle noch einmal der nicht abreißende Gesang zu hören. »Geheimnisvoll und irgendwie fast menschlich«, schwärmen ein paar deutsche Besucher. Die Einheimischen haben ein prosaischeres Verhältnis zu den Tieren. Am 1. Dezember 1991 trieben drei Pottwale an den Strand von Fanö, einer der Stadt Esbjerg vorgelagerten Insel, zwanzig, fünfundzwanzig und dreißig Tonnen schwer. In der Nacht, bevor sie nach Kopenhagen abtransportiert werden sollten, wurden aus einem von ihnen mehrere Kilo Fleisch herausgeschnitten. Da erst ein paar Tage vorher von einer Ladung angetriebenen Mahagoniholzes mehrere Blöcke spurlos verschwunden waren, spottete man, daß dieses Jahr auf Fanö zu Weihnachten in manchen Häusern wohl Walsteak serviert werden würde. Auf einem nagelneuen Mahagonitisch.

Das Paradies der Jasager

Im dänischen Toender wird das Jawort leichtgemacht

Manche Ehen werden im Himmel geschlossen. Andere in der Kirche von Stuttgart-Zuffenhausen. Einige aber auch auf einem dänischen Standesamt.

Mit letzteren hat es eine besondere Bewandtnis: Ausländer, die in Dänemark heiraten, ersparen sich viel langwierigen und teuren Papierkram, der zu Hause auf sie zukäme – vor allem, wenn die Partner unterschiedlicher Nationalität sind.

Sie benötigen lediglich eine Geburtsurkunde oder einen gültigen Reisepaß, eine Aufenthaltsbescheinigung, aus der der Familienstand hervorgeht, sowie das Original der Scheidungsurkunde, falls die Sache schon einmal schiefgegangen ist.

Mit diesen Papieren kreuzen er und sie eines schönen Montagmorgens im Rathaus etwa der Stadt Toender auf, in Südjütland, kurz hinter der deutsch-dänischen Grenze. Sie füllen eine Eheerklärung aus, zahlen eine Gebühr von fünfhundert dänischen Kronen, umgerechnet sechzig Euro, an der Kasse ein und werden mit der Scheidungsurkunde vierzig Kilometer weiter nach Aabenraa geschickt, um diese dort im Staatsamt (gratis) beglaubigen zu lassen.

Eine einfache Sache. So einfach, daß jedes

Jahr zwischen achthundert und tausend Paare zum Heiraten nach Toender kommen, Bürger aus achtzig bis hundert verschiedenen Nationen, wobei die Deutschen fast die Hälfte der Jasager stellen.

Nach Hause fahren dürfen unsere beiden jetzt freilich nicht. Geheiratet wird zwar erst am Freitag, am Mittwoch aber haben die Ehewilligen wieder im Rathaus vorzusprechen und Bescheid zu geben, ob sie im Hotel, in einem der Sommerhäuser, einer Privatpension oder gar auf dem Campingplatz übernachten. Wer in Dänemark heiraten will, muß einige Tage in der jeweiligen Gemeinde verbringen – das schreibt das dänische Ehegesetz vor. Wie lange, ist ins Belieben der Kommune gestellt: In Toender sind es vier Nächte, im benachbarten Hojer drei, in Kopenhagen gleich drei Wochen.

Vier Tage Toender. Das Städtchen selbst mit seinen kleinen Giebelhäusern ist schnell erkundet. Im Museum sehen sich die Liebenden aus aller Herren Länder die Sammlung schleswigscher Klöppelei an, die der Stadt im 18. Jahrhundert einigen Reichtum beschert hat. Vom Museumsturm aus blicken sie nachdenklich auf die nahe Marsch. In der Fußgängerzone suchen sie nach Sonderangeboten an Copco-Eisentöpfen und in der Alten Apotheke, einem dreistöckigen Patrizierhaus aus dem Jahre 1671, nach potentiellen Hochzeitsgeschenken: geschmiedete Kerzenhalter, Blechspielzeug, ein Schiffskompaß aus Messing, Briefpapier und Siegel samt Lack. Sowie jede Menge bunter

Kugeln für das erste Fest unterm Weihnachtsbaum zu zweit.

Der Bär tobt nicht unbedingt in Toender. Und wenn tatsächlich mal die Post abgeht beim dreitägigen Folk-und-Blues-Festival, wird die Sache mit der Heiraterei schwierig: An diesem letzten Augustwochenende ist die Stadt ausgebucht. Und Gnade vor Recht ergeht im Rathaus keinesfalls: Keine Übernachtung – keine Ehe! Da sind die freundlichen Damen und Herren eisern.

Ausflüge ins Umland bieten sich an. Das nahe Moegeltoendern prunkt mit der ältesten Dorfstraße Dänemarks. Ribe bietet ein Spielzeugmuseum – und erinnert an den Nachwuchs. Hoejer lockt mit einer guterhaltenen Mühle und Ausflügen ins Watt. Am Strand von Römö könnte ein Bernsteinfund das ewige Glück besiegeln. Und das Nolde-Museum in Seebüll zeigt Farben, Farben, Farben.

Am Freitag dann der große Tag. Geheiratet wird im Zehn-Minuten-Takt. So unterschiedlich wie die Nationalitäten und der Grad der Nervosität ist auch die Garderobe der wartenden Paare: Von der Lederjacke mit Fransen bis zum apricotfarbenen Traum aus Tüll ist alles vertreten.

Erik Bang Toft, der Standesbeamte mit silbernem Bart und taubengrauem Anzug, strahlt milde Seriosität aus. Das Standesamtzimmer ist mit weißen Azaleen, zwei brennenden Kerzen und einer modernen Keramik geschmückt. Herr Toft verliest das Eheprotokoll, stellt dann die Frage aller Fragen: »Wollen Sie …?« und erinnert dann fast ein wenig ungeduldig: »Sie dürfen jetzt die Braut ...« Zwei freundliche ältere Damen, die als Trauzeuginnen fungieren (Service des Hauses, im Preis inbegriffen) unterschreiben und gratulieren – so, die Nächsten bitte.

Hinterher könnten unsere beiden, die jetzt für immer oder bis demnächst aneinandergeschmiedet sind, natürlich das Ereignis in einem der Restaurants bei »Seezunge Meunière« oder einem »Kalbslendenbraten mit Morcheln« feierlich begehen.

Stilvoller aber ist es allemal, sich an die Imbißbude gleich um die Ecke zu begeben, zwei Risted Hot dog zu bestellen und mit einer Flasche Carlsberg auf das künftige Glück anzustoßen.

Ein Klacks aus Ketchup, Mayo, Röstzwiebeln und süß-sauren Gurken auf dem Hochzeitskleid – was soll da während der nächsten fünfzig gemeinsamen Jahre noch schiefgehen?

Fröhlich blinkt die gläserne Leber

Das Eksperimentarium in Kopenhagen – ein Ort, um Wissenschaft zu be-greifen

Jeppe hat einiges getrunken während der vergangenen 25 Jahre. Dreißig Flaschen Bier, um genau zu sein, waren es an jedem Tag. Und nun stöhnt er, daß die letzten Monate allmählich zur Hölle für ihn geworden seien und aus seiner Zirrhose endgültig Krebs. Blechern klingt er, ein abschreckendes Beispiel. Die Menschen um Jeppe herum lauschen seinen Klagen leicht verlegen, sehen zu, wie seine gläserne Leber blinkt, drücken zwei andere Knöpfe und hören sich an, wie es ihm früher erging, nach zehn Bieren täglich, und das fünf Jahre lang.

Jeppe, der aus Plexiglas, Leuchtröhren und einem eingebauten Tonband besteht, ist eines der fast dreihundert Demonstrations- oder Versuchsobjekte des Eksperimentarium in Kopenhagen, das in einer ehemaligen Lagerhalle der Tuborg-Brauerei beheimatet ist. So kommt es, daß Jeppe von seinen alkoholbedingten Gebrechen in unmittelbarer Nachbarschaft zu der Abfüllanlage von Tuborg erzählt, aus der stündlich 250.000 frischgefüllte Flaschen Bier kommen – ungewollte Ironie.

Fünfzig Millionen dänische Kronen haben Sponsoren und der dänische Staat zur Einrichtung dieses Wissenschaftszentrums aufgebracht, Tuborg stellte die Lokalität, die jährlichen Kosten in Höhe von 25 Millionen Kronen werden von einer Stiftung gedeckt. Das Eksperimentarium ist ein weiteres jener Learning-by-Doing-Zentren, die eine Abkehr darstellen vom musealen Ausstellungsbetrieb und deren erstes, das Exploratorium, vor über zwanzig Jahren in San Francisco eröffnet wurde. Mit einer Experimentier- und Ausstellungsfläche von viertausend Quadratmetern ist das dänische das größte seiner Art in Nordeuropa.

Um die Menschen und die Natur und das Verhältnis beider zueinander geht es in diesem Zentrum erklärtermaßen in allen Belangen. Doch das scheint eher eine beliebig gewählte Klammer zu sein, denn welcher Bereich der Wissenschaft hätte nicht in irgendeiner Weise damit zu tun? Gegliedert ist die Ausstellung, – oder eher: das Versuchsgelände – in fünfzehn Themeninseln wie etwa »Die lebende Zelle«, »Luft und Wasser«, »Kommunikation«, »Einzigartige Materialien« oder »Essen und Trinken«.

Die Aneinanderreihung der einzelnen Bereiche scheint eher zufällig, ein roter Faden ist nicht erkennbar. So wirkt der Übergang manchmal abrupt, von den Tomaten, an denen demonstriert wird, wie sich Mangel von Phosphor, Kalium oder Stickstoff jeweils auf das Wachstum auswirkt, zu einem Streitgespräch per Computer mit Sokrates über Fragen der Ethik und Moral. Eine Art wissenschaftliche Postmoderne, doch die stört hier niemand.

Denn ganz bewußt haben die Gestalter größeren Wert auf spielerische Erfahrung als auf gezielte Wissensvermittlung gelegt. Diese Wissenschaft soll hauptsächlich unterhaltsam sein und allenfalls Anregung bieten, selbst weiterzuforschen. Entsprechend zeichnet sich das Eksperimentarium durch einen sympathischen Mangel an pädagogischem Sendungsbewußtsein aus. Schrifttafeln in Dänisch, Schwedisch und Englisch erklären an den einzelnen Stationen lediglich in aller Kürze, was sich an diesem Ort gerade abspielt.

Wissenschaft zu erforschen heißt hier häufig, etwas über sich selbst zu erfahren: Der Besucher kann sich auf Farbenblindheit und Alkoholverträglichkeit prüfen, er kann das Fassungsvermögen seiner Lunge und den Kohlenmonoxidgehalt seiner Atemluft messen, er kann errechnen lassen, wie lange er sich der Sonne in Barbados höchstens aussetzen sollte, oder – anhand der Feuchtigkeitsproduktion seiner Haut – feststellen, welches von mehreren Bildern – Stierkampf, Mutter und Kind, Armut, nackte Menschen – ihn in die größte Erregung versetzt.

Überall gibt es viel zu tun und anzupacken: mit einem Endoskop das Innere eines menschlichen Knies aus Gummi zu erforschen, in der Riechbar sind Gerüche zu bestimmen, in der Abteilung Mathematik topologische Puzzles zu lösen und die Oberflächenspannung von Seifenblasenskulpturen zu analysieren. Im Sandkasten schließlich lassen sich am selbstgebauten Flußbett Strömungsverhältnisse studieren.

Der ganze Aufbau ist viel weniger spektakulär und aufwendig als etwa der des schwer um Eindruck bemühten Parc de la Villette in Paris. Es ist eine fröhliche Wissenschaft, der hier gehuldigt wird, und das mit ganzem Herzen: überall blinkt, knattert, klackt irgend etwas, Besucher gröhlen und krächzen an den Ständen mit Schallversuchen, es wird viel gelacht – dieses Zentrum ist in Betrieb.

Der Bereich »Kommunikation« lockt mit High-Tech. Am Computer lassen sich Fahndungsbilder zusammensetzen. Ein Klick mit der Maus, und schon verschwindet die Brille vom Bildschirmgesicht, wird die Halbglatze noch lichter, sträubt sich der Schnurrbart. Das System, mit dem die US-amerikanische Polizei ihre Fahndungsbilder herstellt, bietet angeblich acht Billionen Kombinationsmöglichkeiten – und also einigen Unterhaltungswert. In einer Kuppel aus blauem Plexiglas messen Sensoren per Ultraschall die Bewegungen der im Raum Umhergehenden und verwandeln sie in unterschiedliche Töne und flackerndes Licht – eine Diskothek nach Art der Fledermaus. In einem Videostudio wird plötzlich verständlich, wie das Fernsehen mittels »color-key« seine Wirklichkeiten schafft. Wer will, hüpft und geht und turnt vor einem tiefblauen Hintergrund, der aber auf dem Videobild unsichtbar bleibt. Auf einem zweiten Monitor läuft ein vorproduzierter Film ab. Diese konservierte und die aktuelle Aufnahme werden auf einem dritten Monitor zusammengeschaltet – und schon tummeln sich die Besucher wahlweise zwischen Tigern und Spinnen, im Rattenkäfig oder vor dem Maul eines gewaltigen Fisches.

Für Kinder ab neun Jahren halten die Verantwortlichen das Angebot als geeignet. Wem das alles zu kindisch, zu wenig seriös und in die Tiefe gehend ist, der kann ohne weiteres auf eine umfangreiche Datensammlung zu den einzelnen Themenkomplexen zurückgreifen. Zu festen Zeiten und nach Verabredung finden zudem besondere Vorführungen statt, in Sachen Tiefkühltechnik etwa – die im flüssigen Sauerstoff erstarrte Rose, man erinnert sich. In einem Labor läßt sich unter Anleitung Trinkwasser untersuchen, ebenso stehen ein Raum mit Mikroskopen und ein Saal mit Computern zur Verfügung. Ein Café und ein kleiner Geschenkeladen vervollständigen das Ensemble.

Viele der Versuchsaufbauten tragen deutliche Spuren der Abnutzung. Ein gutes Zeichen. Hier erstarrt niemand vor der Wissenschaft in Ehrfurcht, und mag der Erkenntniswert auch oft nur ein geringer sein – für ein Aha-Erlebnis, das manchen zum Weiterfragen anregt, reicht es immer wieder.

Es ist, wie gesagt, eine sehr fröhliche Wissenschaft, die hier betrieben wird, und nicht von ungefähr findet sich ein solches Zentrum gerade in einem Land, dessen Bewohner augenzwinkernd von sich behaupten, daß ihnen keine Frage zu dumm und keine Idee zu abwegig sei, als daß es sich nicht lohne, sich Zeit dafür zu nehmen. Von Bierernst keine Spur in Tuborgs Halle.

Wiedersehen in Odins Reich

Im dänischen Ribe treffen sich am ersten Maiwochenende Wikinger aus ganz Europa

»Hoho«, höhnt der Häuptling aus Hull, »in den Staub mit den Feinden Albions!« – oder so ähnlich, denn genau sind seine kehligen Verwünschungen in dem Rasseln der Kettenhemden, dem Klirren der Waffen und dem Keuchen der beiden Männer nicht zu vernehmen.

Unter den mächtigen Hieben seiner Streitaxt ist Harald der Gewaltige in die Knie gegangen, und es scheint nur noch eine Frage von Augenblicken, bis er tödlich getroffen zusammenbricht. Doch noch einmal stemmt der Däne sich unter Aufbietung seiner letzten Kräfte dem mächtigen Hünen entgegen, reißt das Schwert hoch und überzieht ihn mit einer Serie von Schlägen – da, ein Moment der Unaufmerksamkeit, der englische Eindringling strauchelt rücklings – schon ist der wilde Wikinger über ihm und rammt ihm das Schwert exakt zwischen Rippen und Oberarm hindurch in den Boden. Beifall von allen Seiten. Der Zweikampf ist entschieden, der Platzhirsch hat sich behauptet, und eine ausgezeichnete sportliche Leistung war es außerdem.

Jeweils im Mai findet der Wikingermarkt im VikingeCenter im jütländischen Ribe statt. Über dreihundert Teilnehmer strömen jedes Jahr in dem kleinen Städtchen an der Nordsee zusammen, mehr als fünftausend Zuschauerinnen und Zuschauer finden sich regelmäßig dazu ein.

Mittelalterliche Atmosphäre herrscht auf dem weitläufigen Gelände das ganze Jahr über. Ein großer Häuptlingshof, errichtet aus 160 Eichenstämmen und 4996 handgehauenen Schindeln, empfängt die Besucher. Ein Stall, eine Scheune und eine Schmiede gruppieren sich darum. 1992 war mit dem Bau begonnen worden, das Geld hatten Stadt, Staat und Privatfirmen aufgebracht. Für das Publikum öffnete das Zentrum 1995. Seitdem haben dort über hunderttausend Besucher eine Zeitreise in die Vergangenheit angetreten.

Im hinteren Teil des Areals entsteht mit acht geräumigen Gebäuden nach und nach die Stadt Ribe, wie sie sich im Jahr 825 dargestellt haben könnte. Gerade zeigt ein graubärtiger Zimmermann drei Jugendlichen, wie sie mittels einer Queraxt Holzbalken richtig kerben und dann mit selbst zugeschlagenen Holzdübeln verbinden. Denn das Zentrum ist zugleich eine »Produktionsschule«: 32 Jugendliche zwischen 16 und 25 Jahren ohne abgeschlossene Berufsausbildung lernen hier in vier Werkstätten alte Handwerkstechniken: Schmieden, Holzbearbeitung, den Umgang mit Leder und Textilien sowie Landwirtschaft ohne Traktor und Mähdrescher, dafür mit Pferden und Ochsen. Im Sommer schlüpfen sie in historische Tracht und animieren die Besucher, selbst zu Hammer, Nadel und Axt zu greifen. Klar, daß es dauert, bis unter diesen Umständen das

Gerüst eines Hauses steht. Damals hat es schließlich auch gedauert. Das VikingeCenter ist ein Werk im Prozeß des fortgesetzten Entstehens.

An diesem Wochenende ist das Mittelalter farbenfroh und sinnlich eingekehrt: Auf dem Marktplatz von 720, dessen Gassen von niedrigen Weideflechtzäunen voneinander getrennt sind, haben Wikinger aus England, Norwegen, Schweden, Holland, Deutschland und natürlich Dänemark Zelte aufgebaut und Stände aufgeschlagen. Prächtige Schilde hängen wie Hausnummern daran, manchmal sind die Stammeszeichen auch direkt auf das schwere Segeltuch gemalt.

Überall in der Budenstadt herrscht das, was man vielleicht emsiges Treiben in gebotener Gelassenheit nennen könnte. Beim Schmied faucht der Blasebalg, der Gehilfe mit lederner Schürze holt ein rotglühendes Stück Eisen aus dem Feuer und hämmert mit klingenden Schlägen eine Pfeilspitze zurecht. An der Wand hängen Schwerter, wunderschöne Exemplare mit feiner Zieselierung: Damaszenerstahl, selbstgeschmiedet. Der Nachbar sitzt auf einem Hocker und biegt Drahtringe ineinander. Es dauert viele, viele Stunden, bis so ein Kettenhemd komplett ist. Plötzlich springt er auf: Musik – da muß man tanzen! Von irgendwoher dringen die quäkenden Laute eines Dudelsacks, untermalt von dumpfen Trommelschlägen.

Ganze Familien sind heute angereist: Kinder in kurzen Hemden jagen ungerührt im steifen Wind zwischen den Fellen umher, die zum Auslüften aushängen. Der Vater, mit einem Helm über der eisgrauen Mähne, hobelt konzentriert an einem Getreidetrog, die stilechte blonde Mutter mit den blauen Augen führt das Schiffchen durch die Kettfäden auf dem Webrahmen, während Großmutter Stunde um Stunde Wolle spindelt. Im Zelteingang simmert Gemüsesuppe in einem gußeisernen Topf überm Feuer. Ja, kosten kann man. Verkaufen dürfen sie sie nicht – da ist das Gesundheitsamt vor. Und also bleibt dem hungrigen Besucher nur, sich am Café Lustrupholm einen Hot dog und ein Bier zu holen. Im Plastikbecher statt im Humpen – nichts ist vollkommen.

Es wird wieder Zeit für ein paar Vorführungen. Der Falkner läßt seinen Vogel in den Frühlingshimmel steigen und lockt ihn mit hellen Rufen zurück auf den lederbewehrten Arm. Auf der Wiese vor dem Häuptlingshof tänzeln kostümierte Reiter auf wendigen kleinen Pferden in Reih und Glied und preschen dann in wildem Galopp unterm *danebrog*, der dänischen Flagge, dahin, daß die Erdklumpen fliegen. Die den Wikingern nachgesagte herrische Attitüde gelingt manchen der Herren hoch zu Roß im übrigen ganz ausgezeichnet. Derweil gurrt und lockt im Trubel des Marktes der arabische Handelsmann und betört die zurückgebliebenen Damen mit allerlei leckeren Spezereien, insbesondere mit einem Teufelsgetränk namens Kaffee aus getrockneten grünen Bohnen.

Es riecht nach Rauch vom kleinen Meiler eines Köhlers unterm Rasen, nach feuchtem Fell und frischem Lehm. Überall stapelt sich Handelsware: Filzkappen und Ledergamaschen, Tontöpfe, Weidenkörbe und bunte Wolltücher. Der Riemenschneider glättet Gürtel, der Schlosser paßt eine ausgefuchste Sperrvorrichtung in eine Holztruhe ein, beim Schmied bekommt ein Speer den letzten Schliff. Die bummelnden Touristen erstehen freilich meist Handlicheres: schwarz-weiße Perlen, eben aus rotglühendem Glas gezogen. Eine Bernsteinbrosche. Den Kamm aus Horn mit eingravierten Runen – aber dem Meister Hornschnitzer fällt es sichtlich schwer, das schöne Stück aus der Hand zu geben.

Denn eigentlich sind die Männer in Stiefeln und Lederwams und die Frauen im knöchellangen Wollkleid überzeugt, daß nur ihresgleichen den wahren Wert dieser Waren zu schätzen wissen. Schließlich sind sie keine Bastler, sondern Spezialisten. Da ist keiner, der irgendwann einfach mit seiner Werkelei losgelegt hätte, ohne sich nicht zuvor monatelang in Fachbücher vergraben, Museumsstücke studiert und mit Kennern gesprochen zu haben. Und niemand, der nicht immer noch versuchte, dazuzulernen und sich zu vervollkommnen. Schließlich zählt nicht nur das Produkt. Sondern mindestens genauso viel der Herstellungsweg, der dem ursprünglichen so nahe wie möglich kommen sollte: Wie haben die Wikinger diese satten Gelb- und Rottöne ihrer Wolle denn nun hingekriegt? Mit Pilzen, Urin,

Zwiebelschalen, Rinde? Der Färber, der die tropfenden Stränge aus dem Kessel fischt und zum Trocknen aufhängt, lächelt fein: Jeder hat so seine kleinen Geheimnisse.

Kein Wunder, daß der Tauschhandel blüht. Immer wieder stehen Englisch radebrechende Damen und Herren in konzentrierte Fachsimpelei vertieft beisammen: Die Fibel aus Bronze, heute morgen gegossen, gegen den geschmeidigen Eschenholzbogen? Zwei Kinderkreisel gegen den irdenen Krug? Na gut: Ein Bündel Pfeile als Zugabe. Ein Expertentreffen mit Publikumsbeteiligung, so läßt sich der Wikingermarkt in Ribe wohl am passendsten charakterisieren. Und viele der modernen Altvorderen möchten ihren Namen auch nicht in einer Zeitung lesen. Wichtig ist bei Wikingern nicht, wie ein Mann oder eine Frau heißt. Wichtig ist, was er oder sie weiß. Und kann.

Die Hochzeit der Wikinger begann Mitte des 8. Jahrhunderts. Drei Jahrhunderte lang wurden die ungebärdigen Seefahrer zum Schrecken Europas. Sie überfielen Flandern und Friesland, plünderten Paris, Hamburg und Lissabon und drangen mit ihren Schiffen bis an die Küste Neufundlands vor. Schon um 700 hatten sie an einem Knotenpunkt von Schiffs- und Landwegen einen Handelsplatz namens Ribe gegründet, eine ihrer ersten bekannten Niederlassungen. Historischer Boden also für das muntere Treiben von heute.

In der Zeltstadt ist es inzwischen Abend geworden, die Besucher sind abgewandert. Das bunte Volk trifft sich zum Bogenschießen.

Der Häuptling aus Hull, auf wundersame Weise aus Odins Reich zurückgekehrt, triumphiert wenigstens diesmal. Es wird kühl. Die ersten Krieger tauschen Leinenhemd und Lederharnisch gegen Jeans und Pullover und wandern ab in die Stadt, zu einer heißen Dusche und einer Riesenportion Rührei mit Krabben und Räucheraal. Die wirklich Harten aber bleiben im nordischen Garten. Tapfer frösteln sie unterm härenen Hemd, noch ist es einfach zu früh, zwischen die dicken Lagen aus Fell und Decken zu kriechen. Das Trinkhorn mit Met kreist, dann taucht doch ein Kasten Tuborg auf. Das Feuer knistert, an einem Spieß grillt ein Kaninchen. Es stammt aus dem Supermarkt. Bei allem guten Willen – nicht alles ist mehr so, wie es einmal war.

Havanna Club und Biozwiebeln

Svanholm – die letzte Kommune Dänemarks

Es stinkt nach Gummi und Benzin, die Luft flimmert, die Wagen röhren. Zum letzten Mal setzt einer der Fahrer zum Überholen an, aber da ist kein Vorbeikommen mehr. Der Lotus von Thomas Mullin rast als erster über die Ziellinie in Knutstorp, der Ire hat es geschafft: Er ist dänischer Meister 1990 in der Formel 2000, der wichtigsten dänischen Automobilsportklasse. Inmitten des schnieken, modisch aufgestylten Rennpublikums nimmt sich eine Gruppe von Zuschauerinnen und Zuschauern seltsam fremd aus: Frauen in Baumwollkleidern und selbstgestrickten Pullovern, Männer mit Bärten, Stirnbändern und hölzernen Schlappen. Leute aus Svanholm, heißt es, »klassische Alternative«, fast wie dem Bilderbuch der siebziger Jahre entsprungen. Und so was von am falschen Platz.

Als der Sieger auf dem Treppchen steht, knallen die Korken. Ausgerechnet die Svanholmer schenken Sekt für alle aus, Krimsekt aus ihrem buntbemalten Bus. Sie haben einen guten Grund. Schließlich feiern sie einen von ihnen. Mullin arbeitet im Svanholm-Kollektiv als Automechaniker, und er führt das Zeichen von Svanholm auf seinem Rennwagen: zwei einander zugeneigte Schwäne, die ein Herz umschließen.

Das ist eine ganze Zeit her, aber noch heute strahlt der kleine Mann mit den grauen Locken über beide Wangen. Während er erzählt, zieht er die letzten Schrauben an einem verbeulten Lada fest, einem der zwanzig Autos, die dem Kollektiv gehören und den Zugang zum Anwesen säumen wie eine Typenschau sozialistischer Kleinwagenfertigung. Unordnung herrscht in der Werkstatt, sie ist vollgestopft mit Werkzeug, Ersatzteile für viele Automarken lagern in Kisten. An der Wand erinnert ein Plakat an die große Zeit der *venstresocialisterne,* der linken Sozialisten, in Dänemark Ende der siebziger Jahre. Damals, 1978, war es auch gewesen, daß Männer und Frauen gemeinsam das ehemalige herrschaftliche Gut Svanholm auf der Halbinsel Hornsherred auf Seeland kauften. 32,5 Millionen dänische Kronen kostete es, etwa 4,4 Millionen Euro. Geld, das den meisten Dänen in den Sand gesetzt schien. Denn eigentlich war die Zeit der Kollektive vorbei. Doch Svanholm existiert heute noch. Mehr: Es ist das größte Kollektiv Dänemarks und das wirtschaftlich erfolgreichste.

Mullin wischt sich die Hände am Overall ab und nimmt uns mit auf einen Rundgang durch das weiträumige Gelände. In der peinlich aufgeräumten Halle der Weinhandlung lagern Kartons aus Frankreich, Griechenland, Ungarn, Wein aus Zimbabwe und von einer der letzten verbliebenen Kooperativen Portugals, Alfredo Lima. Hunderttausend Flaschen werden hier jährlich umgesetzt, zusätzlich lockt ein kurioses Sortiment an Alkoholika: eine Sammlung all dessen, was in den einst oder noch sozialistischen Ländern gepreßt, gekeltert und gebrannt wird. Rum Havanna Club, Flor de Caña aus Nicaragua, Wodka, Korn, Anis und Trester. Erinnerungen an eine Zeit, als sogar das Trinken frohen Mutes als Akt internationaler Solidarität ausgegeben werden konnte. Und es hat doch nicht geholfen. »Was soll das«, meint Tom Mullin, »der Sozialismus geht doch nicht mit Gorbatschow unter oder auf. Sozialismus ist eine Sache, die du im Herzen hast.« Und da er dabei so schön angriffslustig den Kopf senkt und wir gerade mit einem portugiesischen Bagazo anstoßen, soll ihm das Pathos verziehen sein.

Wir spazieren hinüber zum Kuhstall. 450 Hektar Land und zweihundert Hektar Wald bewirtschaften die fünfzehn Mitglieder der Landwirtschaftsgruppe. Um dreißig Kühe haben sie sich zu kümmern. Gerade wird ein neuer Stall für sechzig Stück Vieh gebaut, 1,7 Millionen Kronen wird er kosten. Das alles erfahren wir von Bo, dem Vorarbeiter – nein, nicht Chef, den Titel mag man hier nicht sehr. Das geerntete Korn wird in einer eigenen Mühle in Ljungby gemahlen, das ökologisch angebaute Gemüse in einer leistungsfähigen Sortieranlage auf dem Anwesen verpackt. Zwiebeln, Möhren, Kartoffeln. Tausend Tonnen Kartoffeln wurden im letzten Jahr abgefüllt, in Beutel aus PCB-freiem-Plastik, nachdem sich herausgestellt hatte, daß diese umweltverträglicher waren als die bis dahin verwandten Papiertüten. Eine Maschinenumstellung wurde daraufhin nötig, die gewaltig ins Geld lief. Svanholm ist heute der größte Produzent von Biogemüse in Dänemark und vermag die Preise anderer Biohöfe zu unterbieten – nicht zu deren Freude, versteht sich. Doch das erfahren wir erst später, nicht mehr von Bo, der sich mit ausgesuchter Höflichkeit von uns verabschiedet, weil er sich nun die Hände waschen müsse.

Auf dem Weg zum Hauptgebäude kommen wir an einem von Pflanzen zugewachsenen Traktor mit einem großen Trichter vorne dran vorbei. Mullin strahlt. Es ist eine Schreddermaschine, in der Abfallholz aus dem Forst kleingehäckselt wird. Er und seine Kollegen haben sie selbst entworfen und gebaut. Sorgfältig streift er ein paar Schlingpflanzen vom Steuer, läßt sich auf den Sitz nieder, wischt über das Armaturenbrett. Mit den hier erzeugten Holzsplittern und mit dem Sägemehl aus der Tischlerei wird das gesamte Anwesen beheizt. Die Tischlerei, so viel sehen wir später, ist in einem freundlichen, hellen Bau untergebracht und mit einem modernen Maschinenpark ausgerüstet. Sägen und Hobel arbeiten rechnergesteuert, eine Tischlerin ist angestellt, Kartoffelkisten, Paletten und Fenster werden dort hergestellt. Die Räume sind frischgestrichen. Leider fiel auch das Gemälde von John Lennon, das einst die Wand zierte, der Renovierung zum Opfer. Eigentlich ein Sakrileg, findet Mullin. Aber der Fortschritt mache eben auch vor der Kunst nicht halt.

Siebzig Erwachsene und sechzig Kinder leben heute in Svanholm, um die zwanzig Gäste sind immer da. Die eine Hälfte des Kollektivs arbeitet außerhalb, in Skibby oder dem nahen Frederikssund in Firmen und Ämtern, die andere in den Wirtschaftsbetrieben von Svanholm. Alles Geld, das verdient wird, fließt in die gemeinsame Kasse. Die Svanholm-Buchhaltung erledigt selbst die Steuererklärung für die einzelnen. Essen, Wohnung, medizinische Versorgung und Fahrtkosten zur Arbeit sind frei. Darüber hinaus erhält jeder Erwachsene ein monatliches Taschengeld von siebenhundert Kronen, ungefähr neunzig Euro, Außenarbeiter etwas mehr, Leben »draußen« ist teurer. Aber schließlich, hört man unter der Hand, sind es auch die Außenarbeiter, die mit ihren regelmäßigen, fest einkalkulierbaren Einkommen das wirtschaftliche Überleben Svanholms sichern.

Wir erreichen das Haupthaus, ein schönes Gebäude aus dem 18. Jahrhundert, ein Torbau mit zwei Flügeln, die einen kleinen gepflasterten Hof umschließen. Sechzehn Quadratmeter Wohnraum stehen einem Erwachsenen zu, jedem Kind mindestens zehn, sowie ein Platz im ganztags geöffneten Kindergarten. Eine Wohnung sehen wir uns an. Ein vollgestelltes, dunkles Zimmer, ein Hochbett, Nippes und Grünpflanzen, eine blasse junge Mutter, die gerade ihr Baby für einen Spaziergang anzieht. Stillleben mit Kind im Abendlicht. Ein Bild wie von Hamilton oder einem Plattencover von Leonard Cohen.

Der große Saal im Hauptgebäude steht unter Denkmalschutz. Er hat Parkettfußboden, Stuck an der Decke und große Fenster. Bilder und Webereien hängen an den Wänden, zwei der Bewohnerinnen Svanholms sind bekannte Künstlerinnen in Dänemark. Hier findet die wöchentliche Vollversammlung, *fallesmoede*, statt. Auf ihr wird über alles entschieden, was Svanholm grundsätzlich angeht, sei dies der Kauf eines Lkw, die Erhöhung des Taschengeldes oder das gesamte jährliche Budget. Jedes Kollektivmitglied hat eine Stimme und Vetorecht, denn alle Entscheidungen müssen einstimmig gefällt werden. Ein Verfahren, das das Beschlüssefassen manchmal arg verzögert.

Auf dem Weg zur Großküche treffen wir Christina aus Berlin, eine der sechs Deutschen im Kollektiv. Sie wird, nach nunmehr fünf Jahren, aus Svanholm weggehen. »Sicher, man ist schon aufgehoben hier. Aber wer nicht richtig in der Verwaltung mitmischt, fühlt sich bald verwaltet. Zu viele Leute reden ins Privatleben hinein. Bestehen kann sowieso nur, wer mit einem ordentlichen Psychoüberschuß ankommt.« Zehn Prozent der Bewohnerinnen und Bewohner verlassen Svanholm jährlich. Von den einstigen Gründern sind noch zwanzig da. Die Motive für das Ausscheiden sind unterschiedlich. Die einen klagen über Arbeitsüberlastung, andere entdecken irgendwann, daß sie das selbst erarbeitete Geld doch lieber nur für sich selbst ausgeben möchten. Wieder anderen ist das Durchschnittsalter im Kollektiv zu hoch: die meisten sind zwischen 35 und 40 Jahren. Ein

Generationswechsel tue dringend not, sagt Sabine, mit 27 die zweitjüngste im Kollektiv.

Die Küche ist eingerichtet wie die jeder Kantine. Aber sie ist nicht etwa gekachelt, gefliest und streng abgeschlossen, wie deutsche Großküchen gemeinhin zu sein haben, sondern hat Zementfußboden und ist vom Speisesaal lediglich durch einen Arbeitstisch getrennt. Mittag- und Abendessen wird hier für alle gekocht, fünf Leute erledigen das in zwei Schichten. Ob jemand seine Frikadellen aber mit den anderen Bewohnern zusammen im Speisesaal verzehrt oder sie lieber in die eigene Wohnung mitnimmt, bleibt ihr und ihm überlassen.

Heute abend liegt die Küche im Halbdunkel. Gegessen wird draußen, beim Richtfest des Kuhstalls. Es gibt Salat und Grünkernfrikadellen, aber auch Würstchen und Kartoffelsalat und Tuborg vom Faß. Frauen und Männer sitzen an langen Tischen, einer steigt auf ein Mäuerchen, hält eine Rede und lobt den, der die Bauleitung innehat. Kinder spielen und plärren überhaupt nicht dazwischen, Besucher werden gemustert, aber erregen kein Aufsehen. Eine Atmosphäre wie bei einem Nachbarschaftstreffen. Nichts anderes ist es schließlich.

So viele Bewohner, so viele Meinungen über Svanholm. Sabine kommt aus der Nähe von Stuttgart und arbeitet in der Küche. Sie steckt, nach der Erfahrung von zwei Jahren, immer noch voller Enthusiasmus: »Ich kann hier über mein Leben mitbestimmen, jede Meinung gilt, jeder kann ausreden. Das Eigenartigste aber ist: Was entschieden wird, wird ausgeführt. Und das klappt. Ganz anders als früher zu Hause im Jugendzentrum.« Mike und Ines aus Dresden sind erst seit ein paar Monaten hier zu Gast. Mike hat zwei Jahre lang in einer LPG-Landwirtschaft gelernt. »Die Strukturen sind nicht zu vergleichen. Dort waren alle Angestellte. Hier fesselt die freiwillige Gemeinschaftsökonomie ganz anders aneinander.«

In der Tat. Wer sich den Zwängen von Svanholm unterwirft, tut es freiwillig. Er hat einer »Kontaktgruppe«, die für Neuaufnahmen zuständig ist, seine finanzielle Situation offengelegt. Ist er schwer verschuldet, sinken seine Chancen, aufgenommen zu werden. Besitzt er Geld, schießt er es ins Kollektiv ein, mit der Sicherheit, daß er es – neuerdings verzinst – zurückerhält, wenn er Svanholm verläßt, aber über seine Aufnahme entscheidet die Vollversammlung. Doch diese Vollversammlungen sind in letzter Zeit spärlich besucht. Immer mehr Bewohner überlassen die anstehenden Entscheidungen gern anderen. Für sie ist die Selbstverwaltung weniger bedeutsam als soziale Geborgenheit und die Sicherheit, die das Leben hier bietet. Vom einstigen Anspruch, Modell eines »alternativen Lebens« zu sein, ist nicht mehr so laut die Rede. Der Alltag hat den sozialistischen Enthusiasmus gedämpft.

Eine Art Insel also, eine sich selbst genügende Idylle? »Ach was.« Thomas Mullin, inmitten von Rennwagenreifen, Putzwolle und Schraubenschlüsseln, schüttelt ärgerlich den Kopf. »Wir versuchen einfach, uns mit einer anderen Lebensform inmitten einer kapitalistischen Gesellschaft zu behaupten, von deren Zwängen – Steuern, Preise, Angebot und Nachfrage – wir uns ja nicht einfach freimachen können. Ein Stück Freiheit im Alltag versuchen wir hinzukriegen, und ein Stück gegenseitiger Toleranz.«

Letzteres zumindest scheint gegeben: Wo sonst kämen Biobauern auf die Idee, ohne Ansehen von Dezibel und Schadstoffausstoß einem Genossen Rennfahrer zuzujubeln?

Das Mirakel der Noppen

Lego – ein Märchen für Erwachsene

Prolog

Hinter Kolding, achtzig Kilometer nördlich von Flensburg, zweigt die Straße Richtung Billund nach Westen ab. Der Regen, der gegen die Windschutzscheibe peitscht, mischt sich mit Schnee. Die entgegenkommenden Autos ziehen Sprühfahnen neben sich her. Ein rauchgrauer Himmel hängt tief in den Kieferschonungen und über den naßglänzenden Äckern. Wenn sich zwischendurch der Nebel lichtet, zeigt sich draußen auch Landschaft. Eine hügelige Gegend in Grün und Ocker, mit Mischwäldern, Wiesen und Knicks, in denen die letzten Hagebutten dunkelrot vor sich hin frieren. Hufeisenförmige Gehöfte ducken sich hinter Baumgruppen, die Teiche sind an den Rändern schon zu weißem Eis gefroren, der Winter bricht an in Jütland.

Hier ist Lego-Land, im weiteren Sinne, das Reich der wundersamen Leute. Hier machen sie die Bunten Steine, für die sie auf der ganzen Welt bekannt sind. Die Bunten Steine gehen nie kaputt, sie machen Kindern Spaß und sind auch noch richtig für sie. Sie selbst seien, sagen die wundersamen Leute, umweltbewußt, kinderfreundlich, friedliebend. Gegenteiliges ist derzeit nicht bekannt. Sie veranstalten lustige Wettbewerbe. Sie verdienen viel Geld, und sie geben einiges davon für gute Zwecke aus. Sie haben einfach keine Fehler – allerhöchstens diesen einen.

Hier in Billund sind sie zu Hause. Wer das nicht weiß, den stoßen überdimensionale rote, gelbe und grüne Lego-Steine aus Glasfiber darauf, die vor den flachen Fabrikhallen an der Einfallstraße herumliegen, als hätte ein schlampiges Riesenkind wieder einmal nicht aufgeräumt. Einer kennt die Geschichte der Bunten Steine besser als alle anderen. Herr Ambeck-Madsen ist groß von Gestalt, blau sind seine Augen und grau sein Bart. Pressesprecher sei er, sagen die, die nicht an Märchen glauben und deswegen nicht hinter die Dinge sehen. In Wirklichkeit ist Herr Ambeck-Madsen Zauberer. Mit Worten.

I. Der Tischler und der Geistesblitz

Es lebte einst in Billund ein armer Tischler. Dem kam eines Tages, über sechzig Jahre ist es her, der kluge Gedanke, von nun an neben Bügelbrettern und Melkschemeln auch Jo-Jos, Holzlastwagen und Spardosen anzufertigen. Da er sehr gut tischlern konnte und stolz auf seine schönen Sachen war, gab er ihnen einen Zaubernamen: Lego – *leg godt,* spiel gut – stempelte er auf die Unterseite aller seiner Autos, Flugzeuge und Ziehenten. Das sollte ihm Glück bringen.

Nach dem letzten großen Krieg kaufte er

sich eine Maschine, mit der man Traktoren und Püppchen aus Plastik pressen konnte. Dann hatte er einen Geistesblitz: Bausteine aus Plastik, dachte er, müßte man bauen. Bunte, glatte, ganz unterschiedlich geformte Steine. »O ja«, sagte der Sohn des mittlerweile nicht mehr ganz so armen Tischlers, »und jeder müßte zu allen anderen passen. Und immer Neues müßte man daraus bauen können. Und plötzlich hätte man nimmersattes Spielzeug. Es geht nicht kaputt. Aber man braucht immer mehr davon. Immer mehr, immer mehr, mehr, mehr.«

Doch wie das anstellen? Sie grübelten lange, lange, lange. Als sie genug gegrübelt hatten, fiel es ihnen wie Schuppen von den Augen, und sie wußten Bescheid. Der Stein muß Noppen haben. »Hoppla«, sagten sie, »that's it.« Und sie nahmen sich an den Händen und tanzten im Kreis, bildlich gesprochen. Dabei wußten sie noch gar nicht, daß sie ein paar Jahre später noch viel klüger sein und allen Steinen Innenröhren verpassen würden, so daß nunmehr bis auf den heutigen Tag jeder Stein haargenau auf den anderen paßt, nicht wackelt, prima klemmt, prima hält. So begeistert waren sie jetzt von sich, daß sie sogar ein bißchen übertrieben: »Auf jedem Stein muß Lego sein.«

Sie hatten die Zauberformel gefunden. Pling! Von nun an ließ eine gütige Fee alles, was sie in die Hände nahmen, zu purem Gold werden. Quasi. Die Menschen in Europa und Nordamerika wollten Bunte Steine kaufen. In

Billund bauten sich die superguten Leute einen eigenen Flughafen, eine neue Kirche und ein Gemeindezentrum, in dem sie zusammenkommen und sich gegenseitig versichern konnten, daß sie es gut getroffen hatten im Leben, fürwahr.

Ein gewaltiges Wirbeln und Schaffen hatte angehoben, und als die superguten Leute im Jahre 1980 wieder einmal innehielten, stellten sie fest, daß sie inzwischen allein in Dänemark 2350 Köpfe zählten und sich längst auch Fabriken in der Schweiz und in Brasilien und in Südkorea und in Deutschland gebaut hatten. Immer mehr.

Einmal aber paßten sie nicht auf. Sofort befahl da der böse Unhold Playmobil seinen Plastikmännlein und -weiblein, die Bunten Steine aus den Regalen der Spielzeuggeschäfte zu werfen. Inzwischen gehörten alle Fabriken für Bunte Steine dem Sohn des Sohnes des armen Tischlers. Dessen Foto hatte früher auf vielen Lego-Kästen gezeigt, wie schön ein Lausbub mit den Bunten Steinen spielen kann.

Der Sohn des Sohnes wurde über die Playmobil-Plastik-Männchen erst sehr traurig, dann sehr böse und ließ sich gleich viele neue Bunte Steine einfallen: Lego-Technic-Steine, Fabuland-Steine, Lego-Raumfahrt-Steine. Und, haste nicht gesehen – schon zogen die Playmobilmännchen den Schwanz ein.

Da war die Welt wieder in Ordnung, und die wundersamen Leute konnten von neuem daran gehen, reicher und reicher zu werden, bis heute, wo sie sich als einzige Europäer zwischen japanischen Busineßtrollen und nordamerikanischen Konzernhexen auf der Liste der zehn größten Spielzeughersteller der Welt tummeln. 7500 wundersame Leute sind sie inzwischen geworden, die werken und wirken und ihre Bunten Steine in 115 Länder auf der Welt verkaufen. Ihre vielen Fabriken haben sie in 36 Gesellschaften aufgeteilt, damit die neugierigen Leute von den Finanzämtern ihre Nasen nicht so tief hineinstecken können. Gestorben sind sie nicht, leben heute noch, und werden auch, jedenfalls einige von ihnen, immer noch reicher. Ob sie aber für zweieinhalb Milliarden Mark im Jahr Bunte Steine verkaufen, oder doch für mehr, das weiß man nicht genau. Darüber reden sie nicht so gern. Auch wundersame Leute möchten sich ihre kleinen Geheimnisse bewahren.

II. Die Hallen der Bunten Steine

Üblicherweise arbeiten wundersame Leute in ausgehöhlten Bergen oder tief im Wald, man kennt das. Die von Billund aber haben sich große Hallen hingesetzt, fünf, sechs hintereinander, jede wohl an die hundert Meter lang und fünfzig Meter breit und zehn Meter hoch. Hier machen sie die Bunten Steine und auch Bunte Figuren, die inzwischen voll dazugehören, oder vielmehr, sie lassen sie von ihren Maschinen machen. Ein ununterbrochenes halblautes Klacken, Rattern und Summen liegt in der Luft. Maschinen stehen in Reihen, jede ein kluges Durcheinander von Schläuchen, Zylindern, Federn, Blech und Schaltern, jede in einem Kasten aus Glas.

Die Maschinen bauen die wundersamen Leute in eigenen Fabriken in Deutschland und der Schweiz. Das Plastik für die Bunten Steine kaufen sie bei den Leuten von Bayer in Deutschland und DMS in Holland, ausgewählt haben sie es wahrscheinlich wegen seines wunderschönen Namens: Acrylnitril-Butadien-Styrol.

In einer der Maschinen greift ein stählerner Arm einen gelben Plastikkörper, ein zweiter setzt einen gelben Plastikkopf darauf, preßt ihn kurz fest, gibt ihn frei, ein Band schiebt den Rumpf mit dem Kopf weiter zu einer stählernen Rinne, durch die er in einen bereitstehenden Karton purzelt, Figurteil nach Figurteil, 120 in der Minute, Stunde um Stunde. Dann liegen kleine Plastikkörper in Reihen, ein Gummistempel geht wie eine Löschwiege über sie hinweg, schon haben sie alle Augen, Haare und Bärte und sind, für den Freund der Bunten Steine jedenfalls, unmittelbar zu erkennen: Piraten.

Die klügsten unter den wundersamen Leuten haben sich die Piraten einst ausgedacht, aber das brauchte seine Zeit. Im Ide-Huset, auf weißem Marmorfußboden, zwischen hohen weißen Wänden, unter einer weißen Decke, von der vier Meter lang die rot-gelben Lego-Fahnen hängen, haben sie alles dazu aufbewahrt. Skizzen, die einst skizziert, Modelle, die modelliert wurden. Kartons, in die Piraten zu liegen kamen, Fernsehspots, in denen sie auftraten und kleine Büchlein, in denen von ihnen erzählt wurde. Fünf Jahre dauerte es, bis die sehr klugen, sehr gut bezahlten und sehr zum Schweigen verpflichteten unter den wundersamen Leuten sahen, daß alles gut war, und auch der graue Hai und der kleine rote Papagei die Form hatten, in der sie bleiben konnten, nunmehr und immerdar, bis ans Ende der Tage, denn die Bunten Steine halten ewig.

Die paar wundersamen Leute in den Hallen sind ebenfalls schweigsam. Und fleißig. Sie überwachen die Maschinen und füttern sie mit Rohmaterial. Durch die Endverpackungsabteilung zieht sich schlangenförmig ein Förderband. Frauen und Männer schichten Platten, Träger, Reifen oder Zahnräder in die vorübergleitenden Kartons. Alle sind sehr konzentriert bei der Arbeit, am Hallenausgang hängen Stechuhr und das Brett aus Holz für die Stempelkarten. Die gibt es auch bei wundersamen Leuten. Mit Gabelstaplern werden die auf Paletten gestapelten Kartons schließlich in Container verladen und per Bahn oder Schiff in alle Welt verfrachtet. Zum Nutzen und Frommen des Sohnes des Sohnes vom armen Tischler. Und zum höheren Ruhm der wundersamen Leute.

III. Der Fluch von Abu Simbel

Ein tüchtiges Völkchen sind sie. Fröhlich und verspielt. Manchmal auch ein bißchen schlitzohrig. Manchmal haben sie Hintergedanken.

Modellproduktionsabteilung nennen sie eine ihrer Hallen, doch täuschen können sie damit nur die, die von Märchen nicht die Bohne verstehen: Wunderzeug entsteht hier. Magische Stücke. Ein Fluch geht von hier aus. An die zwanzig der superguten Leute sitzen an Tischen, umgeben von stählernen Rollwagen mit stählernen Schubladen, die bis zum Rand gefüllt sind mit Bunten Steinen – und bauen und kleben den lieben langen Tag. Keiner baut feiner, niemand klebt reiner. Stein auf Stein fügen sie, ganz wie es verlangt wird, zu zwergenhohen oder menschengroßen Ausstellungsstücken, die nie mehr auseinandergebaut werden müssen. Bauen in Vollendung, woran andere Baumeister sich schon einmal versucht haben: den Dogenpalast von Venedig, das Weiße Haus von Washington, die Kapelle von Ronchamp, die Minarette von Tunis. Den Großen dieser Welt verleihen sie steinerne Gestalt – Lucky Luke, Balou der Bär, Obelix mit dem Hinkelstein –, und mit einem Fingerschnipsen halten sie die Zeit an: für immer dem Verfall entzogen steht der Tempel von Abu Simbel in Weiß, Gelb, Schwarz und Rot. Für immer trotzt über dem Roten Rathaus von Ostberlin die DDR-Fahne steif den Stürmen der Zeit.

Ausstellungsstücke für Spielzeugmessen und Kaufhausschaufenster. So wird gesagt. Von wegen. Sie sind alles andere als harmlos. Sie legen den Bann. Wo immer, wann immer ein Kind auch nur eines der magischen Stücke ansichtig wird, erbleicht und errötet sein Gesicht im Wechsel und seine Augen weiten sich. Geleitet von einer kryptomagnetischen Kraft stapft es auf das Fenster zu, platscht Hände und Nase gegen das Glas – und wird zu Stein. Versucht eine Mutter, es weiterzuziehen, geht ein Schütteln wie im Rausche durch dieses Kind. Der Vater ringt die Hände, durch die eben seine Macht zerronnen ist. Der Bann greift mächtig, und es gibt nur einen einzigen Zaubersatz, der ihn zu lösen vermag: »Ja, ja. Ich kauf dir ja den Blacktron-Spy-Intruder. Aber nun komm.« Und jedesmal lächeln droben in Billund die superguten Leute, ein bißchen wissend und ein bißchen nachsichtig.

Freilich haben sie mit den magischen Stücken noch mehr im Sinn. Im Sommer laden sie die Leute von außen zu sich nach Billund ein. Ein ganzes Land aus Wunderzeug haben sie hier für die Besucher gebaut, das *besondere* Land im engeren Sinne. Mehr als tausend mal tausend Leute von außen kommen jedes Jahr und wandeln zwischen der Akropolis und dem Tempel der Dämmerung von Bangkok und lesen, daß für Schloß Amalienborg, das dreieinhalb Meter lang und einen Meter breit ist und ihnen bis zur Hüfte reicht, neunhunderttausend Bunte Steine und vierzigtausend Fenster aus Bunten Steinen verbaut wurden und für die Windmühlen aus Holland mehr als zwei Millionen und weitere Millionen für die Schlösser am Rhein und den Hafen von Kopenhagen, und sie staunen und staunen und fragen sich dauernd ein wenig neidisch: Wie kann es nur angehen, daß jemand so viele Bunte Steine hat?

Schließlich stoßen sie auf die Piraten. Aber hallo, aber nun! In Sachen Piraten macht den superguten Leuten keiner so schnell was vor. Mitten im See eine Burg, auf deren Mauern die Soldaten in blau-weißen Röcken und mit hohen schwarzen Mützen hin- und hergehen und die Muskete schultern und auf der Trompete ein Signal blasen. Vor dem Schloß eine Insel. Robinson schnarrt, die graue Schildkröte wackelt mit dem Kopf, der kleine rote Papagei, der richtig groß geworden ist, krächzt, wenn die Leute von außen in einem Boot an ihnen vorbei in die Höhle neben dem Schloß fahren. O Grauen, Jubel, Höllenspaß! Ein Krokodil schnappt nach den Beinen eines zappelnden Seeräubers. Seeräuber singen, Seeräuber kämpfen in Rauch, Blitz und Donner, der Rum fließt, das Schwein brät, und die Juwelen funkeln. Noch mehr Seeräuber schnarchen und tanzen und machen Musik, einer duscht fröhlich gröhlend alle paar Sekunden unterm Wasserfall. Und ihrer aller Fleisch und Blut sind Bunte Steine, damit die Leute von außen immer wieder sagen können: »Ja, ist denn das die Möglichkeit«, und damit eine Erleuchtung über sie kommt, was man alles machen kann, wenn man erst ganz überaus enorm sehr viele Bunte Steine hat.

Ganz am Ende, wenn sie müde sind und an einem Hot dog mümmeln und wenn die Musikkapelle der superguten Leute an ihnen vorbeizieht, in roten Jacken und cremefarbenen Hosen oder Plisseeröcken und mit dunkelblauen Schiffchen auf dem Kopf, dann sagen sie genau das, was sie sagen sollen: »Ist schon eine verrückte Sache. Sind schon supergute Leute hier!« Und die superguten Leute reiben sich die Hände, nicken sich zu und grinsen ein bißchen. Ist wieder einmal alles so gekommen, wie sie es vorausgesehen haben.

IV. Der große Ruhm der tollen Taten

Wie gut es das Schicksal mit ihnen meint, zeigen die superguten Leute gern vor. Im Eingang ihres Verwaltungsgebäudes hängt eine Wand voller Trophäen, auf die selbst die berühmten Leute vom FC Brondby Kopenhagen neidvoll blicken dürften. Pokale, Plaketten, Urkunden. Für Fernsehspots, Managementleistungen und das Design vom Stein. Die Menschen auf der ganzen Welt, Unholde, Trolle und Hexen ausgenommen, lieben die superguten Leute.

Damit dies so bleibe, schicken der Wortezauberer und seine wunderbaren PR-Feen Nachrichten von den Bunten Steinen und den tollen Taten der superguten Leute in alle Welt. Broschüren über Spielzeugsicherheit, Umweltschutz und den richtigen Gebrauch des *besonderen* Logos. Ihre »Revue«. Ein Bildband zum Firmenjubiläum. Echte Fotos, halbechte Zahlen, üppige Berichte von schönen Festen.

Gerne geben der Wortezauberer und seine Feen kuriose Rätsel auf: Auf wie viele verschiedene Arten lassen sich sechs Acht-Knopf-Steine derselben Farbe zusammenstecken? Und verraten freundlicherweise auch gleich die Lösung: Auf 102.981.500 verschiedene Arten. Boah – ei! Und gerne spielen sie auch mit den unsichtbaren Steinen, die sie sich mittlerweile geschaffen haben und im Baukasten »Produktphilosophie« aufbewahren: »Idee, Begeisterung, Werte. Kreativität und Phantasie, Enthusiasmus und Entfaltung, Qualität und Innovation.« Neun Elemente gar – Milliarden von Kombinationsmöglichkeiten! Millionen? 362.880? Ganz schön viele jedenfalls.

Wollen Künstler mit den Bunten Steinen spielen, sagen die superguten Leute, »Na klar, baut uns mal einen Homo futurus«. Kommen Stadtfestplaner, dürfen sie einen mehr als zwanzig Meter hohen Guinness-Rekord-Turm zusammensetzen, Architekten, die Lust dazu haben, lassen sie das Tor zur Welt entwerfen. Jedes Jahr verschenken sie an gute Menschen eine Million dänischer Kronen, jedes zweite Jahr lassen sie die jungen Menschen zum Worldcup zu sich kommen, 32 Auserwählte, derer dann das Reich der Bunten Steine ist. Zwei Stunden lang bauen sie um die Wette, erhalten Preise und Baukästen und kommen ins Fernsehen.

Schön ist das alles. Aber ist das Dasein der superguten Leute denn wirklich nur ein lebenslanges Zuckerlecken? Verdüstern sich nicht auch in Billund manchmal die Seelen? »Ach ja«, sagt der Zauberer, »schon. So was kommt vor.« Manchmal kommt es vor, daß die Leute von außen, was sie eigentlich nicht sollten, sich in die inneren Angelegenheiten von

Billund einmischen. Einmal behaupteten welche, dort, wo die Bunten Steine zusammengeklebt werden, atme man schlechte Luft. Gleich wurden neue Dunstabzugshauben eingesetzt. Ein andermal wollten die Kindergärtnerinnen im Land Dänemark, die superguten Leute sollten gefälligst im Land Südafrika keine Bunten Steine mehr verkaufen, solange dort nicht schwarze Kinder und weiße Kinder zusammen damit spielen dürften. »Ist gut«, sagten die superguten Leute, »damit hören wir sofort dann auf, wenn die Regierung sagt, wir alle dürften das nicht mehr tun.« Und sie hörten sofort dann damit auf. Das stecken sie aber weg. So richtig böse werden sie erst, wenn andere Leute anfangen, Bunte Steine nachzumachen oder zu verfälschen oder nachgemachte oder verfälschte in Umlauf zu bringen. Dann zeigen sie, daß auch supergute Leute sehr wohl mit ganz harten Bandagen zu kämpfen verstehen. Wehe!

Auch den Hunderttausenden von Kindern, die selber gerne einmal supergute Leute werden möchten, müssen sie ein bißchen weh tun. Täglich schicken welche ihre Bauvollzugsmeldungen nach Billund: Marshunde. Ein Diamantenbergwerkförderband. Solar-Cruiser mit Hyperhapanatoren und Rak-Rak-Feldern. Doch all die Fotos, Skizzen und Pläne schicken die superguten Leute an die Absender zurück, schweren Herzens. »Lieber Tim, es ist schön zu sehen, was Du mit den Bausteinen machen kannst. Wir können Deine Vorschläge für das Sortiment aber leider nicht annehmen, da wir laut unserer Firmenpolitik nur Ideen von unserer Produktentwicklungsabteilung benutzen …«

»Nichts zu machen«, sagt der Wortezauberer, »unsere Juristen lassen uns nicht. Die meisten Ideen haben wir ja selbst schon einmal gehabt. Die Gefahr, daß irgend jemand, der etwas Ähnliches gebaut hat, dann, wenn wir damit herauskommen, Honorarforderungen an uns stellt, die ist einfach zu groß.«

Epilog

Wenn man Glück hat, schneit es richtig, wenn man die superguten Leute am späten Nachmittag verläßt. Eine dünne Schneedecke liegt dann auf dem *besonderen* Land im weiteren Sinne. Der Schornstein der Fabrik raucht. Aus manchen Fenstern fällt Licht. Auf den Wiesen machen sich die kleinen Häuser ganz winzig. Sie stehen fest auf der weißen Bauplatte. Als ob sie überall Noppen hätten.

Miró unter Bäumen

Louisiana – moderne Kunst am Oeresund

Schön ist es hier oben. Weit geht der Blick über den Oeresund zur Halbinsel Kullen nach Schweden hinüber. Über dem Wasser liegt ein schwacher Dunst, die unvermeidlichen Möwen jagen einander, und lautlos drehen sich die Scheiben von »Little Janey-Waney«, dem Mobile von Alexander Calder, das längst zu einem Wahrzeichen des Ortes geworden ist.

Auf der Treppe, die zum Strand hinunterführt, diskutieren Jugendliche sehr lautstark und sehr abfällig über Andy Warhol, die Dame im Lederkostüm, die Ansichtskarten schreibt, lauscht zwischendurch zu ihnen hinüber und lächelt vor sich hin. Und im Hintergrund, im halben Rund, der Park von Louisiana. Und in dem Park Louisiana selbst, das Museum für moderne Kunst. Zu sehen allerdings ist von hier aus davon nicht viel.

Denn mit gutem Grund wird Louisiana auch »Das versteckte Museum« genannt. Die einzelnen Gebäude ducken sich hinter Trauerweiden, Baumriesen machen sich vor ihnen breit, Farne und Rhododendren verdecken die Wände. Es ist nicht möglich, an irgendeiner Stelle ein Gesamtbild des Museumskomplexes, eine komplette Außenansicht, zu gewinnen, geschweige denn, »das« Museum zu fotografieren.

1958 entdeckte der Kopenhagener Kaufmann

Knud W. Jensen bei einem Fahrradausflug das 103 Jahre zuvor vom königlichen Jagdmeister Alexander Brun erbaute Herrenhaus. Fast vergessen lag das Anwesen in einem verwilderten Park in Humlebaek, 35 Kilometer nördlich von Kopenhagen. Jensen kaufte Haus und Grund und beauftragte die Architekten Joergen Bo und Vilhelm Wohlert, einen Museumsbau zu planen, der die Besonderheiten dieser Parklandschaft miteinbezog und sich doch darin behauptete. Monatelang erwanderten sich die beiden das Gelände, ehe sie eine Flucht gläserner Korridore entwarfen, die, an die Nordseite des Herrenhauses anschließend, auf dem Scheitel zwischen den baumbestandenen Rasenflächen und dem abfallenden Ufer des Humlebaeksees dahinter entlangführte und schließlich in drei Pavillons endete. In diesem langgezogenen Viertelrund präsentierte Jensen seine Sammlung moderner Kunst der Öffentlichkeit. »Louisiana« nannte er das Museum nach Luise, seiner Frau.

Dank der Hilfe zahlreicher Spender gelang es, alle fünf, sechs Jahre einen Erweiterungsbau anzufügen. 1966 und 1971 wurden Säle für wechselnde Ausstellungen gebaut, 1976 folgte ein Konzertsaal, und 1982 wurde mit einem ausgedehnten Südflügel das Halbrund der Anlage vollendet.

Mit dem gleichen Geschick und der Behutsamkeit, mit der die Architekten es immer wieder verstanden, Natur und Architektur in Einklang zu bringen, gelang es ihnen auch, die verschiedenen Stilarten nebeneinander bestehen zu lassen. Die Baumaterialien waren immer die gleichen – Ziegel, Holz, Glas –, aber die Zeit seiner Entstehung ist jedem Bauabschnitt klar anzusehen. Dennoch triumphiert kein Gebäude über das andere, alle schließen gleichberechtigt aneinander an, selbst das alte Herrenhaus hat seine Funktion als Eingangshalle, ist organischer Teil des Ganzen und steht nicht wie die Dorfkirche zwischen Wolkenkratzern herum. Der letzte Bauabschnitt, ein Flügel für die graphische Sammlung, ist wie ein Tunnel in den Hügel hineingebaut, auf dem Louisiana liegt, und schließt so den Ring der Anlage. Damit wird, auf verschiedenen Ebenen, tatsächlich ein Rundgang durch das ganze Museum möglich. Lediglich die Glashäuser an den beiden Endpunkten des Flügels erinnern daran, daß ein paar Meter unter den Füßen des Besuchers Holzschnitte von Baselitz und Lithographien von Jasper Johns hängen.

Zwei unterschiedliche Probleme löst diese unterirdische Unterbringung gleichzeitig: Die anfälligen Graphikblätter sind so vor dem gefährlichen Tageslicht geschützt, und der Blick über den Sund bleibt weiterhin unverstellt.

Von drinnen geht der Blick durch gläserne Wände in den Park. Die Landschaft ist an manchen Stellen als Hintergrund für Kunstwerke geradezu eingeplant und wird zu einem Teil des Seherlebnisses. So im Raum mit den Skulpturen Giacomettis etwa, »Die Frauen von Venedig« oder der »Gehende Mann«, die vor dem Spiegel des Sees und den Zweigen der Weiden noch verlorener wirken als anderswo. Schmale Menschensäulen aus erstarrter Lava.

Mit seinen vielen Ecken, Treppen und Winkeln, den gepflasterten Terrassen und dem Netz der Wege ähnelt Louisiana ein wenig einer kleinen Stadt. Doch wer zum erstenmal da ist, fühlt sich wohl eher an ein Labyrinth erinnert – ein Labyrinth aber, in dem man sich nie verliert, das im Gegenteil den Besucher beinahe unmerklich führt. Es lädt dazu ein, einfach loszugehen, zu schauen und sich auf Bilder einzulassen.

An irgendeiner Stelle tritt man ins Freie, unter die Bäume hinaus, trifft unvermutet auf ein freundliches Bronzemännchen von Joan Miró oder steht vor einer von Henry Moores »Reclining-Figures«, diesen voluminösen, schwerelosen Denkmälern menschlicher Körper. Die Museumsgestalter wissen, wieviel Platz Skulpturen brauchen, auch in der Natur. Jede Plastik hat ihr eigenes Terrain, sorgfältig wurde überlegt, wer zu wem in Nachbarschaft steht. Die offene Bauweise ermöglicht eine sehr ungezwungene, sehr gelassene und wenig pädagogisch bemühte Annäherung an moderne Kunst. Der Ausbruch ins Freie ist jederzeit möglich, im doppelten Sinn.

Schwerpunkte der Sammlung bilden Werke der Konstruktivisten und der Pop-art, Jim Dine und Robert Rauschenberg stehen neben anderen dafür. Sam Francis hat das Wandgemälde im Konzertsaal geschaffen und auch ansonsten das Museum mit Werken reich beschenkt.

Ein eigener Saal ist den Mitgliedern der »Cobra«-Gruppe vorbehalten, in der sich 1948 bis 1951 belgische, holländische und dänische

Künstler zusammenschlossen und in der letztere eine gewichtige Rolle spielten. In den Wassergeistern und Sternenkönigen von Carl-Henning Pedersen, den kraftvollen Farbschlachten, die Asger Jorn auf der Leinwand veranstaltete und auch in Henry Heerups spielerisch-vertrackten, meist aus vorgefundenem Material gefertigten Kleinplastiken, wird augenfällig, was »Cobra« wollte: abstrakte Kunst schaffen – auf der Grundlage organischer, in Natur, Mythologie und primitiver Kunst bereits reichlich vorhandener Formen und Figuren. Natürlich wird auch neueren Entwicklungen in der Kunst Rechnung getragen. Beuys' »Honigpumpe« findet sich hier, eines der Iglus von Mario Merz, »Inflammation« und »Ausgießung« von Anselm Kiefer, schrundige Tafeln in Grau, Schwarz und Braun. Und eine Sammlung der Bilder des Dänen Per Kirkeby, der so malt wie Jan Garbarek Musik macht: In dunklen, gedeckten Tönen, mit gelegentlichen Aufhellungen, doch stets geordnet, mit Struktur, nie bloß verspielt. Ansprechend gleich beim ersten Blick, beim ersten Hören, sozusagen. Gesittet.

Neben der Dauerausstellung finden zeitlich begrenzte Sonderausstellungen statt. Carlos Fuentes und Günter Grass hielten Lesungen ab, Theateraufführungen, Jazzkonzerte und klassische Musik ergänzen das Programm.

Ein solches Museum zu betreiben kostet Geld – und Louisiana ist immer noch ein privates Museum. Zwar ist die Einrichtung in den letzten Jahren ein Publikumsrenner geworden, doch der Verkauf von Eintrittskarten deckt die Unkosten nicht. Der Staat gibt Zuschüsse, private Spender springen ein, die Carlsberg-Stiftung stiftet und im Museumsshop wird reichlich Louisiana-Schnickschnack verkauft: Poster und Schlipse, schwer designte Schlüsselringe und Lesezeichen, Sweatshirts und »Ewige Kalender«. Ein »Freundeskreis Louisiana« tut das seine dazu. Für einen festen Jahresbeitrag erhalten Mitglieder freien Eintritt, verbilligte Graphiken und die drei- bis viermal jährlich erscheinende *Louisiana-Revy*, den Katalog für die wechselnden Sonderausstellungen.

Nicht zu vergessen: Louisiana gibt sich nicht lautstark und herablassend behindertenfreundlich. Es ist nicht nötig: Aufzüge, Fahrrampen und ein Rollstuhltransportband lassen keine Zweifel daran, daß hier eine Erkenntnis längst zur Selbstverständlichkeit geworden ist, die anderen anderswo erst langsam dämmert: Natürlich gehören auch Behinderte ins Museum.

Wer schließlich, erschöpft von Kunst und Denkanstößen, Augen und Kopf ausruhen lassen will, schlendert hinüber zum Lesesaal mit seinem großartigen Rundpanorama. Bewacht von einem hölzernen Marabu von der Elfenbeinküste, blättert er in der *Louisiana-Revy*, blickt hinunter zum Meer und versteht dann, was den skandinavischen Besucherinnen und Besuchern an »ihrem« Louisiana so anziehend erscheint und sie immer wieder herkommen läßt. Louisiana ist mehr als ein Museum. Louisiana ist, sofern es so etwas überhaupt gibt, ein Stück dänischer Lebensphilosophie.

Hier und jetzt im Kettenhemd

Eine Reise durch Falster und Seeland auf den Spuren der Vergangenheit

Ritter Henrik Svane hat einen rabenschwarzen Tag. Erst verfehlt der Mann mit dem goldenen Schwan auf dem Helm zweimal den Ring, den er im vollen Galopp mit der Lanze vom Galgen pflücken soll, dann fällt er zu allem Übel bei der Kehre vom Pferd, so daß ein Knappe herbeieilen und ihn samt seinen 35 Kilogramm Polsterung, Kettenhemd, Schienen und Brustpanzer wieder in den Sattel wuchten muß. Das war nun wirklich nicht vorgesehen.

Doch verliert ein echter Ritter bekanntermaßen nie die Contenance. Und also führt Svane das Kräftemessen mit Ulrik Lilje formvollendet weiter. Nach dem Lanzengang greifen die beiden zu Schild und Schwert und dreschen mit mächtigen Hieben aufeinander ein. Die Waffen klirren, die Männer keuchen, Mägde und Bauern im grobleinenen Tuch johlen. Plötzlich strauchelt Lilje, geht zu Boden, Svane senkt das Schwert auf ihn nieder und schenkt ihm großartig das Leben, so wie die Turnierregeln es vorsehen und ein Stuntman aus den USA die Edelmänner einst gelehrt hat.

Es rasselt, dampft, staubt und glänzt auf der Turnierbahn – vielleicht ist es tatsächlich ein halbwegs authentisches Bild: vielleicht ging es so zu an dänischen Fürstenhöfen, damals, am Ende des 14. Jahrhunderts.

Seit drei Jahren reiten Preben Kristofferson und Sören Karlsen nun schon gegeneinander – ein kleiner Zusatzverdienst für den Umweltexperten im öffentlichen Dienst und den Erzieher behinderter Kinder. Aber das Geld ist nicht der eigentliche Grund: »Wenn plötzlich tausend Leute zu jubeln beginnen oder mit Eiern und Äpfeln schmeißen – da bekommst du einfach einen Kick. Es ist wie ein tägliches Fußballfinale.«

Das drei Hektar große Mittelalterzentrum von Nyköbing wurde 1992 gegründet, nachdem zuvor an dieser Stelle ein paar Geschichtsverrückte zwei historische Katapulte aufgerichtet hatten und immer mehr Leute hinauspilgerten, um die Riesenschleudern in Aktion zu sehen. Die tun ihren Dienst auch heute noch: Pünktlich um zwölf Uhr mittags beginnen Soldaten in dem hölzernen Laufrad auf der Stelle zu treten und ziehen so den großen Wurfarm zu Boden, der »Ehrliche Sören« gibt das Kommando, und die historische Artillerie schleudert einen 15 Kilo schweren, runden Stein zweihundert Meter hinaus in den Sund von Guldborg. Alle paar Tage sammeln die Angestellten dann ihre siebzig Kugeln im bloß knietiefen Wasser wieder zusammen.

Inzwischen haben die Betreiber für umgerechnet zwanzig Millionen Mark ein Hafendörfchen hingebaut, in dem im Sommer über sechzig Festangestellte, Saisonkräfte und arbeitslose Jugendliche ins rauhe Wams schlüpfen, Wolle färben, Pfeilspitzen schmieden und Schulklassen die Fein- und Grobheiten mittelalterlicher Standesunterschiede nachempfinden lassen.

Die Dänen lieben ihre Geschichte. Und sie sind Meister darin, sie Interessierten auf höchst anschauliche Weise näherzubringen. So entstanden in den letzten Jahrzehnten zusätzlich zu Museen und Ausgrabungsstätten verschiedene historische Erlebniszentren. Sie bieten eine Mischung aus Populärwissenschaft und Spielerei, ganz nach dem dänischen Motto: »Nur wer sich unterhält, lernt auch dazu.« Schon auf den beiden nahe beieinanderliegenden Inseln Falster und Seeland allein können Besucherinnen und Besucher eine Reise durch gleich mehrere Stationen dänischer Geschichte antreten.

»Die Wissenschaftler hatten zwar eine Vorstellung, wie die Häuser in der Eisenzeit aussahen«, sagt der Archäologiestudent Christian Christiansen. »Aber jemand mußte ausprobieren, ob Menschen darin auch tatsächlich überleben konnten.« Deshalb zogen er und seine Kommilitonen im Winter für 14 Tage in die Lehmhäuser des Eisenzeitdorfs im Historisch Archäologischen Versuchszentrum Lejre. Draußen zehn Grad minus, drin ein offenes Feuer, beißender Rauch, ein paar Schaffelle auf hölzernen Schlafgestellen. »Wir haben es überstanden«, grinst der Lockenkopf im härenen Gewand mit der historisch etwas deplazierten Brille, »so ganz daneben kann die Archäologie also nicht liegen.« Seitdem kommt er jede Saison zurück, baut Erdöfen, füttert Ziegen und hackt die karge Scholle. Immer am Ausprobieren, Entwickeln, Forschen: Wie war es? Wie hätte es gewesen sein können?

Er ist nicht der einzige. Den Sommer hindurch hausen Woche für Woche jeweils drei dänische Familien unter den moosbewachsenen Reetdächern – insgesamt über hundert Postbeamte, Hausfrauen, Zahnärztinnen, Architekten, Sozialarbeiter mit ihren Kindern. Sie legen Uhren und Handys beiseite, schlüpfen in grobe Wollkleider – und in ein anderes Leben. Womit verbringen sie die meiste Zeit? »Essen vorbereiten«, lächelt Christian fein, und wer je über einem Mahlstein gekauert und sich Blasen geholt hat bei dem Versuch, soviel Korn zu Mehl zu zerreiben, daß es wenigstens für einen kleinen Brotfladen reichte, hat nicht die geringsten Zweifel. Von zehn bis siebzehn Uhr stehen sie Touristen Rede und Antwort – als Experten für hautnahe Erfahrung gewissermaßen –, wie sie es nach Feierabend mit der historischen Genauigkeit halten, steht jedem frei: Die Hardliner unter den Hobbyhistorikern vergnügen sich auch abends mit dem Schnitzen von Langholzbögen beim Schein der Herdfeuer, die Leichtgewichte gönnen sich schon mal einen Abstecher in die Zukunft: Hot dogs und Fußballergebnisse in der nächsten Kneipe. Vorzeitig abgereist aber ist bisher niemand.

Lächeln über solchen Eifer? Besser nicht. Beim leisesten Anzeichen von Ironie – vor allem wenn sie aus dem südlichen Nachbarland kommt – können verträgliche Dänen ziemlich ungehalten werden. Es ist den Akteuren sehr ernst mit ihrem Spiel, vielleicht eine Voraussetzung, um sich mit Haut und Haar darauf einzulassen.

Die ersten Häuser aus der Zeit um Christi Geburt, 1965 erbaut, wurden inzwischen abgebrannt oder abgerissen, andere neu errichtet. Lehmgruben füllen sich mit Abfall, Backöfen zerfallen, Äxte verrosten im Moor: Lejre ist ein Museum im Werden und Vergehen. Aber war sie nun wirklich so, die Eisenzeit, wie sie sich hier darstellt? Niemand in Lejre besteht darauf. Rekonstruktion ist Versuch und Irrtum. Punkt.

Mitte des 8. Jahrhunderts begann in Dänemark die Hochzeit der Wikinger. Drei Jahrhunderte lang suchten sie immer wieder ihre nahen und fernen Nachbarn heim, Europa lernte ihre wendigen Schiffe fürchten.

Fünf davon versenkten sie irgendwann in der See vor Roskilde, um die Zufahrt zum Hafen zu sperren. 1962 wurden sie gehoben und Stück für Stück, schwarz wie Kohle und vollgepumpt mit Kunstwachs, auf stählernen Gerüsten wieder zusammengesetzt. Jetzt liegen sie in der Halle des Wikingerschiffsmuseums vor Anker, vor der großen Fensterfront mit dem weiten Blick über den Fjord, vom vierzehn Meter langen Küstenfrachter bis zum doppelt so großen Kriegsschiff, das von sechzig Ruderern vorwärtsgetrieben wurde. Im Museumshafen nebenan werden seetüchtige Repliken solcher *knarrs* und *skeids* gebaut, aus Eichenstämmen und mit historischen Werkzeugen, versteht sich. Viele Handwerker und auch Jugendliche ohne Ausbildung finden mittlerweile Beschäftigung in dieser Art von Geschichtswerkstätten.

Fünfzig Kilometer südwestlich, bei Slagelse, erbauten die rauhen Kerle eine ihrer vier Rundburgen in Dänemark. Das Holz dazu fällten sie zu König Harald Blauzahns Zeiten, zwischen August 980 und Mai 981 – so genau sind die Ergebnisse der dendrochronologischen Untersuchungen. Die Überreste wurden vor sechzig Jahren ausgegraben – und glücklicherweise nicht allzusehr aufgehübscht. Sehr viel mehr ist nicht zu sehen als ein etwa fünf Meter hoher Rundwall mit einem Durchmesser von 137 Meter, aufgetürmt in einer Landschaft, die langsam wieder so sumpfig wird wie sie damals war. Ein Bohlenweg führt kreuzförmig durch das Innere; wo die Pfosten der Langhäuser gefunden wurden, sind flache Betonköpfe in die Erde eingelassen, so daß die Grundrisse der Anlage zu erkennen sind. Ein 1942 rekonstruiertes Langhaus, ein Museum für Ausgrabungsfunde und ein kleines Aktivitätscenter – das ist alles.

Wo aber die optischen Krücken fehlen, kommt endlich die Phantasie zu ihrem Recht. Nach so vielen neugezimmerten Ochsenkarren, frischverlegtem Feldsteinpflaster und eben erst hochgezogenen Lehmmauern wirkt es geradezu erfrischend, sich auf dem Wall niederzulassen und wenigstens für einmal der eigenen Vorstellungskraft zu vertrauen: Aus dem Rund, in dem einst fünfhundert Menschen lebten, oder auch tausend, steigt der Rauch der Herdfeuer, Helme blitzen in der

Sonne, Hunde kläffen, zwei Männer beschimpfen sich in kehligen Lauten, es riecht nach frischer Suppe und verwesendem Abfall – könnte es so gewesen sein? Vielleicht. Na klar. Warum nicht?

Im Mittelalterzentrum auf Falster aber lebt man dauernd sechshundert Jahre früher, in der Zeit zwischen 1035 und der Reformation, jener Epoche, in der das Land katholisch war und eine bedeutende europäische Macht zudem.

Im Garten wachsen Haferwurz und Dinkel, Gänse schnattern auf den Gassen, ein Dieb steht am Pranger, dem allgemeinen Gespött preisgegeben, und der Seilmacher, offenbar ein leichtlebiger Gesell, erfreut die Damen mit ein paar derben Scherzen. Eben ganz so, wie es war. Möglicherweise. Im Gyldene Svane aber ist die Zeit nicht stehengeblieben, trotz der Kerzen an den Wänden, den geschnitzten Löffeln auf den Tischen und den absatzlosen Schnabelschuhen, in denen Frau Mona bedient und sich müde Füße läuft: Das Brot zum »Mittelalterteller« ist weich und warm, der Lammschinken zart, die Trauben saftig, und im Tonkrug schäumt das Bier würzig und kühl. Nein: so komfortabel ging es in den Gastgebereien jener Zeit sicher nicht zu, und in Blätterteig war der Lachs schon gar nicht eingebacken. Aber an dieser Stelle weiß der Besucher dänischen Großmut durchaus zu würdigen: Wie schön, daß die Nachbarn es mit der historischen Linientreue nicht ununterbrochen so hundertfünfzigprozentig genau nehmen.

Hart am Bier

Auf der Durststrecke von Tuborg

12.17 Uhr. Der sehr zuvorkommende, sehr breit lächelnde und sehr braungebrannte Herr hinter dem erhöhten Tresen begrüßt uns mit so ausgesuchter Freundlichkeit, daß wir sie sofort persönlich nehmen. Fünfzig Frauen und Männer, aus Schweden, Frankreich, Dänemark, Finnland, Italien und Deutschland warten schon in der Halle des Besucherzentrums von Tuborg. Sie sitzen auf Bänken und auf dem Boden, unterhalten sich leise und studieren die Tuborg-Broschüre, die der Braungebrannte allen Neuankömmlingen in die Hände drückt. Und alle, alle haben Durst.

12.25 Uhr. Immer mehr Menschen drängen zur Tür herein. Ob in Anoraks, getüpfelten Blusen, Leinenjacketts, Sommerhemden, T-Shirts, ob barfuß in Sandalen oder mit Socken in Wildlederslippern – Grüßaugust heißt alle mit unterschiedsloser Freundlichkeit willkommen. Und alle nehmen sie die höchst persönlich. Und alle freuen sich auf Bier.

12.27 Uhr. Ein großes Schild weist auf die Toiletten im Keller hin. Sie sind sehr sauber, doch enttäuschend klein und alt. Und wir hatten doch nicht weniger als marmorne Hallen erwartet.

12.30 Uhr. Die Halle ist voll. Alle Skandinavier werden aufgerufen und wandern durch ein Drehkreuz und eine dahinterliegende Tür ab. Wir anderen bleiben und warten. Uns wird man, das haben wir gleich zu Beginn erfahren, in Englisch unterweisen. »Sie verstehen das sicher phantastisch«, hatte der Braungebrannte geschmeichelt. Niemand verstand nicht phantastisch.

12.33 Uhr. Am Tresen entsteht Bewegung. Ein Herr im dunkelblauen Blazer, dem ehemaligen Reichspräsidenten Ebert aus dem Gesicht geschnitten, tritt auf, im Gefolge eine blonde junge Frau, deren Blässe ganz wunderbar mit ihrer grau-schwarz gestreiften Bluse kontrastiert. An uns, ihrer vielköpfigen Herde, sind beide heftig desinteressiert. Wen werden wir abbekommen?

12.36 Uhr. Beide. Der Herr wie Ebert – Peder heißt er, wir hören es nebenbei – öffnet das Drehkreuz, die junge Dame sagt »Avanti« und hat damit die italienischen Herzen bereits erobert. 64 sind wir, mehrere Sprachen, Einzelgänger und Familien, viele Jungmänner unter uns: Australian guys, English lads, boys from Wisconsin, USA. Heading for the beer? Let's go.

12.38 Uhr. Die blonde Frau heißt Elisabeth. Sie wird uns während des Rundgangs das Wissen vermitteln, dessen Erwerb Tuborgs PR-Manager vor das Trinken von Freibier gesetzt haben. Herr Peder geht ganz am Schluß. Er hört Elisabeth aufmerksam zu und macht sich Notizen auf einem Block.

12.45 Uhr. Ein dunkler Flur. Im Stehen lassen wir ein paar Dias über die Geschichte Tuborgs über uns hinweggehen. 1873 gegründet. Export in 120 Länder. Fusion mit Carlsberg. Mehr bleibt nicht haften und das erwartet auch niemand. Auch mit den Geheimnissen des Bierbrauens belästigt uns Elisabeth nicht lange. Großzügig erspart sie uns die englischen Versionen von »Weichbottich, Keimkasten, Malzdarre, Malzmühle« – wozu haben wir schließlich die Broschüre? Hier geht es nicht um Bierbrauen. Hier geht es den Tuborg-Leuten um Tuborg. Uns geht es um Freibier. Dafür nehmen wir davor einiges in Kauf, Elisabeth weiß das. »Den Treber, den festen Rückstand der Malz, den verkaufen wir an die Bauern. Die füttern damit ihre Kühe. Die geben dann viel Milch, die trinken die Dänen, sie wachsen heran und werden groß und stark und trinken dann viel Bier. Tuborg-Bier.« Sieh da. Elisabeth, Elisabeth. Herr Peder macht Notizen.

12.52 Uhr. Ein langer Gang. An den Wänden Plakatentwürfe in Grün-Weiß. Merke: Tuborg fördert die Graphik im Land. Und höre: Tuborg verfügt über eine Stiftung, die Stipendien vergibt. Und wisse: Tuborg hat auf eigenem Gelände das Eksperimentarium eröffnet, ein Zentrum für populäre Wissenschaft. Und glaube: Tuborg ist nicht einfach ein Konzern, sondern eine nationale Institution. – Eine hohe Halle. Hier stehen die riesigen kupfernen Sudkessel, der Stolz jeder Brauerei. Zu unserer Orientierung und fürs Foto sind mitten im Werk immer mal wieder große Schilder angebracht. »Tuborg«. Jetzt ist Gelegenheit für eine kleine Plauderei mit Herrn Peder. Herr Peder ist hier der »Senior guide«. Und er prüft heute Elisabeth auf ihre Eignung als »English guide«. Poor Elisabeth, die sich inzwischen einige Male versprochen hat. Und die einmal ganz ungeniert sagt: »Ich weiß das jetzt auch nicht mehr so ganz genau.« Wonderful Elisabeth. Aber wie steht es mit dem Bier?

12.56 Uhr. Ein weiter Raum. Die Gärbottiche. »Smells like beers«, sagt Bud aus Brisbane und schnüffelt kennerisch durch die 17jährige Nase. Im Gärbottich Nr. KAR 116 brodelt es wie Gülle in einem Tank. Durch ein kleines Guckfensterchen sehen wir einen schmutzigen Schaumteppich, in dem ab und zu Blasen zerplatzen. Bier im Werden. Richtig – Bier? Kommt schon noch, sie verspreche es, sagt Elisabeth. Aber jetzt sollten wir erstmal zusammenbleiben. Hier seien schon Besucher in den Tanks zurückgeblieben. Einige lachen höflich. Andere finden das witzig. Herr Peder lächelt nicht. Wahrscheinlich hat er sich den Scherz ausgedacht, vor 35 Jahren. Beim Bier.

13.01 Uhr. Ein Modell der Brauerei. »Eine Stadt in der Stadt«, sagt Elisabeth voller Firmenstolz. Mit eigenem Hafen, eigenem Energienetz, eigener Brauereifachschule. Und natürlich mit eigenen Wasserspeichern. Denn wenn Tuborg das öffentliche Netz anzapfen würde, ginge den Einwohnern vom Stadtteil Hellerup bald das Duschwasser aus. Und dort drüben, Elisabeth läßt ein Gebäude aufleuchten, dort drüben werden wir nachher eine kleine Kostprobe zu uns nehmen. Sie lächelt verheißungsvoll in die Runde. Wir finden wieder, daß das vielversprechend klingt und danken es ihr mit zustimmendem Gemurmel. Einige lecken sich die Lippen. Hinunter zu den Lagertanks. Kalt ist es dort. »Setzt euch, macht es euch gemütlich. Das erspart euch, im Winter wiederzukommen, denn hier herrscht eine Temperatur, wie sonst in Dänemark im Winter.« Sonnige Elisabeth. Im übrigen enthalten die Tanks Bier. Viel Bier, und das merken wir uns so: Wenn wir zehn Flaschen Bier am Tag trinken, dann haben wir, um einen dieser Tanks zu leeren, wie lange zu tun? – hundertzwanzig Jahre, genau. Das sitzt. Das sind Vergleiche, die wir verstehen. Zahlen, die wir zu würdigen wissen, Spezialisten in Sachen Biertrinken, als die wir hier alle auftreten. Erstaunte Pfiffe belohnen Elisabeth dafür, daß sie diesmal die Pointe nicht vermasselt hat.

13.05 Uhr. Ein rot-gelb gefliester Gang. Eine Tür ins Freie. Ein Bus. Alle passen hinein. Die Hälfte der Pflicht hätten wir jetzt schon geschafft, meint Elisabeth fröhlich. Bevor wir aber endgültig ein paar »soft drinks« zu uns nehmen würden – Soft Drinks, wow! – wäre da noch die Abfüllanlage zu besichtigen. In Ordnung? Wir kennen inzwischen die kleinen Locksätzchen. Wir sind einverstanden. Was auch sonst. Um des lieben Bieres willen.

13.10 Uhr. Eine lange Galerie. Es riecht nach Malz. Hoch über der Abfüllanlage zieht sich an der Wand ein durchgehender Balkon für Besuchergruppen entlang. Zuschauerinnen und Zuschauer sind offensichtlich in die Produktion fest miteingeplant. Elisabeth möchte, daß wir uns doch bitte noch ein paar dieser imponierenden Zahlen anhören, die sie so gern aus dem Ärmel schüttelt. 160.000 Einheiten Bier, Flaschen und Dosen, werden hier pro Stunde abgefüllt. Uns irritiert das. Ist in der Broschüre nicht von einer Viertelmillion Flaschen die Rede? Wo stecken die fehlenden neunzigtausend, die sich am Tag doch zu 2,16 Millionen summieren? In einer anderen Abfüllanlage, in Elisabeths Vergeßlichkeit oder in der Großmäuligkeit eines Werbetexters? Auf jeden Fall sagt Elisabeth jetzt: Drei Millionen Hektoliter Bier füllt Tuborg im Jahr ab. Sagt nicht, wie viele Liter das sind und wie viele Nullen die Zahl hätte. Eine vertane Chance – wir machen Herrn Peder dezent darauf aufmerksam. Wieviel davon für uns wohl abfällt?

13.16 Uhr. Ein Kosmos aus Technik. Förderbänder laufen nebeneinander, ineinander, übereinander. Ketten leerer und Ketten gefüllter Kisten. Elektromotoren. Ein nicht endenwollender Zug aneinander klirrender, sich drängelnder Flaschen. Gelbe und rote Lichter. Leuchttafeln, die anzeigen, wo was abgefüllt wird. Ein Gerüttel und Geschepper und Geratter. Stahlkörbe voller Kronkorken, Millionen und Abermillionen. Bier bis zum Horizont, hundert Meter weiter. An lebenden Menschen zählen wir fünf.

13.27 Uhr. Eine Waschanlage. Offensichtlich folgt der Rundgang nicht der Abfüllogik. Es riecht nach Desinfektionsmittel. In Erinnerung bleiben große Ballen abgewaschener Etiketten.

Fetzen, in die einst Daumen Muster pulten, immer an den Kerben mit dem Haltbarkeitsdatum ansetzend. Elisabeth drängt. Wir sind zeitlich im Verzug. Herr Peder greift ein und scheucht uns vor sich her zum wartenden Bus. Gleich gibt es Bier, verspricht Elisabeth, da wäre nur noch diese kleine Show, zur Einstimmung …

13.34 Uhr. Ein Filmraum wie eine Bierkiste. Wir quetschen uns auf Hocker, die wie Flaschenhälse mit Kronkorken aussehen. Sechs stehen in einer Reihe, zwölf Reihen sind da. Eine lustige Idee von Tuborg. Das Licht geht aus und ein Stakkato von Dias und Musik auf uns nieder. Rund um die Welt mit Tuborg, sechs Minuten Folklore, lachende Menschen, Busen und Bier. Eine Hommage an alle Besuchergruppen dieser Welt, und wirklich setzen Begeisterungsrufe ein, als mehrere Römer ihren heimatlichen Schutzmann erkennen. Wir verlassen den Filmraum in der festen Überzeugung, daß die eigentliche Bestimmung des Menschengeschlechts darin besteht, Alkohol in der Form von Tuborg zu sich zu nehmen. Daß alle Fröhlichkeit auf Erden von dänischem Bier herrührt. Und auch wir wollen jetzt endlich fröhlich werden.

13.47 Uhr. Wir kriegen Herrn Peder noch einmal zu fassen. An die tausend Besucher würden in der Hauptsaison täglich durch Tuborg geschleust. Zwölf Führer seien dafür angestellt, jeder müsse mindestens vier Sprachen beherrschen. – Und Elisabeth? Wie war Elisabeth an diesem ihrem Schicksalstag? Nun ja, erklärt er diplomatisch, an einigen Stellen hätte sie noch an sich zu arbeiten, ein Führer bei Tuborg lerne immer dazu …

13.49 Uhr. Endlich am Bier. Im ersten Stock eines ehemaligen Verwaltungsgebäudes sind auf der einen Seite die Tische für uns gedeckt. Das heißt: Vor jedem Platz steht eine Flasche Tuborg gold und eine Flasche Tuborg groen. Und ein Glas. Auf der anderen Seite des Raums sitzen bereits die Skandinavier. Elisabeth sagt *skal* und prostet uns zu, und wir prosten zurück und trinken. Dann verteilt sie ein paar Anstecknadeln. »Für die Kinder«, und alle haben plötzlich children, bambini, niños und Kinder zu Hause. Wir trinken Bier. Dazu sind wir hier. Das haben wir uns verdient. Zu reden ist da nicht viel. Nur die Römer diskutieren erregt, ob sie im Tuborg-Souvenirshop den Tuborg-Faßboden mit Wappen zum Aufhängen für 255 Kronen, das Tuborg-Feuerzeug für 95 Kronen oder das Tuborg-Sweatshirt für 235 Kronen erstehen sollen.

13.58 Uhr. Wir trinken Bier. Ein bißchen schneller. Die Zeit rennt, und wir wissen nicht, wieviel wir davon haben. Zu essen gibt es nichts. Eine kleine Rede würden wir jetzt gern hören, oder ein bißchen Musik. Einer der Italiener kommt an unseren Tisch, erklärt uns sehr bestimmt: »You don't need this«, und greift sich zwei übriggebliebene Flaschen Bier.

14.05 Uhr. Die Skandinavier müssen räumen. Wir ahnen, was uns blüht. Der Römer hat die Schürze mit dem Bild des durstigen Mannes gekauft. Achtzig Kronen. Der Herr aus

Pakistan im grauen Anzug und mit Rucksack, wortkarger Nachbar seit 13.49, verabschiedet sich per Handschlag von Elisabeth. Elisabeth lächelt. Wir trinken noch ein bißchen schneller.

14.09 Uhr. Elisabeth lächelt nur noch ein bißchen. Und drängt zum Aufbruch. Die nächste Gruppe ist im Anmarsch. Nein, es bleibt nicht mehr die Zeit, das halbvolle Glas leer zu trinken. Sie klopft auf ihre Armbanduhr, sehr energisch jetzt. Die Dame mit dem fränkischen Dialekt steckt verstohlen einen Flaschenöffner ein. Wahrscheinlich sind die ohnehin zum Mitnehmen, aber so hat sie das Gefühl, ein kleines Zusatzschnäppchen gemacht zu haben. Unsere Bierzeit ist um. Gereicht hat sie für eine Flasche Tuborg groen und eine Flasche Tuborg gold. Mehr gab es auch nicht. Die Neuen kommen.

14.11. Uhr. Die Toiletten hier sind hellgrau, sauber und geräumig. Von Marmorhallen keine Spur.

Gefrorene Grüße von gestern

In der Diskobucht von Grönland

Irgend etwas geht hier durcheinander: Die Rouladen im Topf sind zwar ordnungsgemäß mit Senf und Zwiebeln und Gurke und Speck gefüllt. Doch sie riechen, nicht wahr, Herr Küchenmeister, ein ganz klein wenig nach Tran? »Na klar«, sagt Ingo Wolff, »schließlich stammt das Fleisch vom Seehund.« Der schlaksige Mitvierziger aus Thüringen, der in Rodebay an der Diskobucht, 250 Kilometer nördlich des Polarkreises, seit drei Jahren das Restaurant H 8 betreibt, liebt das kulinarische Crossover: Der Heilbutt verschwindet unter einer knusprigen Käsekruste. Auf die Schneehühner folgt frischer »Zwetschgendatschi«. Und vor dem Moschusochsengulasch geht die Platte mit deutscher Blut- und Leberwurst herum. Die Gäste, egal ob Grönländer oder Touristen, schätzen den Stilmix – so sehr, daß das sozialpädagogische Institut in Illulisat, dem 18 Kilometer entfernten Zentrum der Diskobucht, demnächst ein paar Praktikanten herschicken wird, damit sie zusehen, wie das geht: Rentiersteak mit Rosenkohl.

Rodebay, Oqaatsut auf Grönländisch, liegt in Westgrönland, auf jenem schmalen Streifen bewohnbarer Küste, der den riesigen Eisschild auf der größten Insel der Welt im Süden wie eine braungrüne Fassung umgibt. Rodebay –

das ist die Rote Bucht, rot vom Blut der Wale, die die Holländer hier seit dem 17., die Dänen ab dem 18. und die Inuit wahrscheinlich schon viele Jahrhunderte davor auf die flachen Felsen gehievt haben.

Das passendste Gericht an diesem Ort scheint deshalb immer noch jenes große schwarzgraue Stück Fleisch zu sein, das glatt als Rheinischer Sauerbraten durchgehen würde – wüßte man nicht, daß es von dem 18 Meter langen Finnwal stammt, der vor ein paar Wochen hier an Land gezogen wurde. Noch immer erlegen grönländische Fischer zwischen fünfzehn und zwanzig Finnwale pro Jahr, dazu diverse Schweins- und Zwergwale. Das Fleisch geht in heimische Töpfe, kein Stück davon darf ausgeführt werden, und auch »Greenpeace« hat inzwischen nach früheren lautstarken Protesten seinen Frieden mit diesem Zweig grönländischer Tradition geschlossen. »Trotzdem«, sagt Stine Dudda, die Reiseführerin, »sollte man in einem Greenpeace-T-Shirt nur dann durch einen grönländischen Hafen spazieren, wenn man ernsthafte Selbstmordabsichten hegt.« Sie sind ein bißchen nachtragend, die Hiesigen.

Ende der sechziger Jahre noch ein quirliger Handelsposten, ist Rodebay heute ein Ort von nicht einmal mehr fünfzig Einwohnern. Und doch gibt es eine Schule für die fünfzehn Kinder, eine Meerwasserentsalzungsanlage, einen Fußballplatz und einen Supermarkt, in dem *Men's Health* ausliegt und gefrorene Sparerips, Schrotflinten und Videos wie »American Pie« angeboten werden.

Zwei Dutzend ziegelroter, ultramarinblauer und dottergelber Holzhäuser liegen über die Felsen verstreut, rostige Abwasserrohre ziehen sich wie Adern über das Gestein, Wäsche trocknet knatternd im Wind. In den Kuhlen dazwischen sind die Hunde angekettet: spitzohrige Wolfsgesichter, dicke Felle, buschige Schwänze, denen es bei zehn Grad Celsius viel zu warm ist. Manchmal klären sie schnappend offene Machtfragen, und wenn der Besitzer zur Fütterung anrückt, setzt ein vielstimmiges Jaulkonzert ein. Es sind keinen »Dänenhunde«, wie die Tiere mancher Beamter abfällig genannt werden, die von ihren Besitzern mit Arktis-Futter verhätschelt werden. Diese Hunde leben nur von Fischabfällen – schließlich sollen sie nicht verfetten, ehe sie im Winter wieder zu zwölft oder mehr vor die Schlitten gespannt werden.

Der Ort wirkt seltsam menschenleer und das hat seinen Grund: Wenn während des Sommers an manchen Tagen Dutzende von Touristen das Dorf überschwemmen, ziehen sich die Einheimischen lieber zurück. Die Häuser sind zu. Die Menschen drin. Die Grenzen klar: Bitte nicht noch mehr stören.

Die meisten Boote, die in Rodebay Halt machen, sind auf dem Weg zum Eqi-Gletscher. Die Fahrt dahin gleicht der Reise durch eine Trümmerlandschaft. Wie Überreste der Bühnendekoration eines abgesetzten Märchenstücks treiben Eisberge im Meer: Alabasterburgen, die von innen bläulich leuchten, stumpfweiße Talgbrocken, zerknitterte Papierschiffe. Langsam ziehen sie nach Süden, acht Jahre werden die mächtigsten unter ihnen unterwegs sein, ehe sie irgendwann vor der Küste Neuenglands endgültig im Salzwasser aufgehen.

Manchmal verdichtet sich das Eis, das Boot schiebt sich nur noch im Schrittempo knirschend und schabend voran, und endlich kommt der Gletscher in Sicht. Als wäre körniger Griesbrei im Überkochen erstarrt, preßt er sich durch ein steinernes Tor ins Meer, fast zum Hinschwimmen nah und doch noch gute zehn Kilometer entfernt – nichts trügt in der reinen Luft Grönlands so sehr wie Entfernungen. Das Boot paradiert entlang der zerklüfteten weißen Wand. Möwen gieren in den Strudeln nach Krebsen, ab und zu donnert es wie fernes Geschützfeuer, und wieder wurde irgendwo einer der mächtigen Klötze abgesprengt und kracht mit einer gewaltigen Schaumwelle ins Wasser – rund zwanzig Millionen Tonnen drücken die Gletscher und der Eisfjord bei Illulisat täglich ins Meer, eine Masse, die geschmolzen den Wasserverbrauch New Yorks ein ganzes Jahr lang decken würde.

Das Eis ist das visuelle Wunder der Diskobucht. Und die Zahl der Touristen, die diesen erhabenen Anblick bestaunen möchten, wächst kontinuierlich: Um die 12.000 kletterten im vergangenen Jahr über die riesigen Geröllwälle der Seitenmoränen, betrachteten vom nahen Eqi-Camp aus das Spiel der Grau-Weiß-Blau-Schattierungen auf dem vielfach gefältelten, geriffelten und gefächerten Eis und verdünnten ihren Whisky mit einem gefrorenen Gruß der Erdgeschichte – zwischen fünftausend und mehreren hunderttausend Jahren alt sind die Giganten in der Bucht.

Die Region kann zahlende Besucher gebrauchen. Denn nach wie vor ernähren die Menschen sich hauptsächlich von der Jagd und vom Fischfang – direkt für den Tisch oder durch die Arbeit auf Kuttern und in der Fischfabrik.

Im Hafen von Illulisat schaukeln die Boote. Männer in blauen Thermo-Overalls und Gummistiefeln, mit Walroßschnauz und schwarzem Bürstenhaar beködern Langleinen mit Tintenfisch. Es wird viel gelacht, warum, bleibt Fremden oft verschlossen. Auch Jesper Loevensen versteht die Sprache mit den kratzigen Kehllauten nicht. Der 27jährige Däne kam vor drei Jahren nach Grönland, verliebte sich, kaufte ein Boot und begann als Fischer zu arbeiten – obwohl er es nie gelernt hatte. Trotzdem nahmen seine neuen Kollegen ihn freundlich auf und bringen ihm ohne Konkurrenzneid bei, wie man Robben schießt und harpuniert, Ordnung in ein Hundegespann bringt und von welchen Eisbergen man sich besser fernhält.

Das sauerstoffreiche Meer um Nordgrönland ist der ideale Platz für Garnelen und schwarzen Heilbutt. Noch gibt es reichlich Fisch. Doch die Exemplare werden kleiner, Heilbutt wächst langsam, zu viele werden weggefangen, ehe sie ihre endgültige Größe erreicht haben.

Kristian Fly in Illulisat dagegen verdient sein Geld auf ganz andere Art: Er lebt davon, *tupilaks* zu schnitzen und an Touristen zu verkaufen. Einen hat er gerade fertiggestellt, an seiner Werkbank in der gemeindeeigenen Schnitzerei: einen kleinen Fürchtegott aus blankpoliertem Rentiergeweih, kaum zwanzig Zentimeter hoch und schon ein richtiges Gruselmonster. Aus dem knochigen Gerippe ragen O-Beine und kurze haarige Pranken, auf dem kantigen Schädel sitzen Eselsohren, eine gespaltene Nase und zottiges Gesichtsfell. Und die kleinen, starren Äuglein über den wütend gebleckten Hauern lassen keine Zweifel: Dich krieg ich, du hast keine Chance!

Ein angsteinflößendes Monstrum! Richtig. Genau das ist schließlich seine Aufgabe: Ein *tupilak,* die Geisterfigur der Inuit, wird ins Leben geholt, um einem Feind die Seele aus dem Leib zu fressen.

Einst war der *tupilak* ein Werkzeug der Rache, das man seinen Feinden schickte. Kam er in Robbenform, hieß das: Du sollst ertrinken. Als wütender Bär: Zerreißen wird er dich. Einen *tupilak* ausschicken konnte nur, wer Verbindung zur Geisterwelt hatte und imstande war, ihn zu beseelen. Es blieb trotzdem ein gefährliches Unterfangen: Wie wirksam der kleine Böse wurde, hing ganz von der geistigen Kraft seines Herrn ab. War der Verfluchte stärker als der Absender, konnte er den *tupilak* umdrehen und gegen seinen Angreifer richten. Volles Risiko!

Drei bis vier Stunden arbeitet der 25jährige Kristian an einer Figur. Und es macht Spaß, ihm dabei zuzusehen: Versunken betrachtet er ein Stück Rentiergeweih, läßt langsam Formen vor seinem inneren Auge daraus hervortreten, macht eine Zeichnung und geht dann, mit Säge, Bohrer, Feilen und Polierscheibe an die Arbeit. Nebenbei läuft das Radio, plaudert er mit einem Kollegen. Das Ergebnis fällt jedesmal anders aus. Und kostet pro Exemplar zwischen fünfhundert und neunhundert dänische Kronen.

Wo er das Handwerk gelernt hat? Nirgends. Als Jugendlicher ging er mit seinem Vater auf Robbenjagd, später arbeitete er in der Fischfabrik, aber irgendwann begann er, ohne daß ihn jemand unterrichtet hätte, *tupilaks* zu schnitzen. Er ist begabt, die Touristen mögen, was er macht, inzwischen verbringt er fast seine ganze Zeit in der Werkstatt.

Daß die *tupilaks* von den Inuit tatsächlich als Rachegötter eingesetzt wurden, ist freilich lange her. Mindestens dreißig Jahre, eine ganze Epoche grönländischer Geschichte. Kristians jüngste Kreation zeigt eine Inuitfrau in Nationaltracht. Sie sitzt vor einem Computer und raucht eine Zigarette: Worldwideweb und Walharpune, Grönlands zwei Seelen – nicht nur in der Brust von Kristian Fly hadern sie miteinander.

4500 Menschen leben in Illulisat. Und es gibt heute keine Arbeitslosigkeit – auch dank des Tourismus. Das war nicht immer so. In der Stadt stehen noch die großen Wohnblocks, in die während der siebziger Jahre Hunderte von Menschen aus Qutdligssat, einer aufgegebenen Kohlebergwerksiedlung, umgesetzt wurden. Sie entwickelten sich zu Ghettos, in denen Suff, Verbrechen und Arbeitslosigkeit herrschten. Männer, die nicht mehr imstande sind, ihre Familie zu ernähren, verlieren aber in den

Augen der Inuit ihr Gesicht. Schlimmeres kann ihnen gar nicht passieren – auch die Selbstmordrate schnellte in die Höhe.

Überhaupt wurde selten ein Volk abrupter in die Zukunft katapultiert, behauptet Finn Siegstadt: »Innerhalb von dreißig Jahren rasten wir aus der Torfhütte ins Internet«. Der 29jährige Ökonom, der fließend Dänisch, Englisch und Spanisch spricht, kommuniziert heute ganz selbstverständlich von seinem Büro aus mit Tokio und New York. Richtig zu Hause bei sich aber, sagt er, sei er erst wieder in zwei Wochen: Dann zieht er mit seiner Freundin für ein paar Tage im Boot in die Wildnis: Robben jagen, vielleicht ein Ren schießen, Beeren sammeln, Heilbutt angeln, wie sein Großvater es ihm beigebracht hat.

Im Winter, wenn die Bucht zufriert und das Versorgungsschiff Irene Arctic nicht mehr anlegen und die Regale im Pisiffik-Supermarkt auffüllen kann, ist Illulisat von der Versorgung abgeschnitten. Deshalb wird schon ab Spätsommer gehamstert; was der Helikopter später einfliegt, ist ungeheuer teuer.

Dann schlafen die Menschen lange, veranstalten wilde Hundeschlittenrennen übers Eis, und abends trifft man sich in der Bar auf ein paar Gespenstergeschichten: Die von den Nordlichtern etwa, bei denen es sich eigentlich um die Geister von Fußballspielern handelt, die während eines Matchs ums Leben kamen und dort oben immer noch ihrem Ball aus steingefüllter Seehundshaut hinterherflitzen. Spukgeschichten in arktischer Nacht – nichts schöner als das, sagt Finn Siegstadt, der Weltmann. Das neue Kino kann da gerade noch mithalten. Im Museum von Illulisat finden sich Eisbohrer, Kajaks und langschäftige Messer zum Zerteilen der Wale. In einer Vitrine hängt die Nationaltracht, mit Stiefeln aus Seehundsfell und perlenbestickten Oberteilen. 20.000 bis 25.000 dänische Kronen kostet das traditionelle Outfit – und noch immer hat fast jedermann und jede Frau es zu Hause.

Ein Extraraum aber ist Knud Rasmussen gewidmet, der hier im Haus 1879 geboren wurde. »Gebt mir Schnee, gebt mir Hunde, behaltet den Rest«, hieß das plakative Lebensmotto des Polarforschers, dessen freches Jungengesicht frappierend an das Roman Polanskis erinnert. Er unternahm mehrere Expeditionen, legte mit seiner Sammlung die Grundlage der heutigen Eskimologie, sprach verschiedene Inuitdialekte und verstand sich auch ansonsten mit den Männern und Frauen am Rande des ewigen Eises recht gut: Noch heute, heißt es, laufen in vielen Inuitdörfern Menschen herum, die im Aussehen dem »süßen Knud« verblüffend ähneln.

Knud Rasmussen starb 1934. Ausgerechnet an einer grönländischen Köstlichkeit: Einem jener Vögel, die, zu Dutzenden in eine Robbe eingenäht, vergraben werden und dann drei bis vier Monate zu wahrer kulinarischer Größe heranreifen. Im Geschmack erinnern sie angeblich an Gorgonzola. Manchmal verderben sie freilich auch. Dann doch lieber Walsteak mit Thüringer Kartoffelklößen.

Der Hot dog

Eine Liebeserklärung

Flaeskesteg und *gravad laks, smoerrebrod* und *roeget oerred* – doch bevor der Reisende zu solchen kulinarischen Höhenflügen ansetzt, hat er allemal einen Stop in den gastronomischen Niederungen einzulegen. Ein Besuch in Dänemark bleibt unvollständig ohne den Verzehr eines Hot dog. Dieser Akt bildet ein Warm-up im andern Land, und er beginnt bereits mit der Bestellung an einem der *poelser-vogn,* die leider immer seltener werden.

Da sind Entscheidungen von einiger Tragweite zu treffen. Während die Wahl der Zwiebeln noch keine Probleme bereitet – geröstete natürlich, die frischen würden sich in dem perfekten Arrangement von Konservierungsstoffen ja doch wie Fremdkörper ausnehmen –, ist die Frage nach der Art der Wurst schon von anderem Kaliber: *roede poelser* oder *ristede*? Das ist wie: grüne oder gelbe Götterspeise? Der Purist kämpft mit dem Genießer, und wie immer siegt nach reiflicher Überlegung die Tradition über den Gaumen: Die klassische dünne, giftig rote muß es sein, heiß aus dem Siedekasten, die Bratwurst folgt ein andermal. Sorgsam schlitzt nun Wurstfrau oder Wurstmann das eliptische Wabbelbrötchen seitlich auf, legt die Wurst ein, zieht einen Streifen Senf, einen Streifen Ketchup aus dem Hahn darüber, spritzt aus der Plastikflasche gurgelnde Remoulade dazwischen, streut Zwiebeln darauf und deckt das Gebilde dachziegelartig mit süß-sauren Gurkenscheiben ab.

Da liegt er, im dünnen Papierserviettchen, auf dem wellenförmigen Halter aus Edelstahl, auf dem noch vier andere seiner Sorte Platz fänden. Der Hot dog.

Nun glauben Unerfahrene immer noch, ihn zum problemlosen Fast food zählen zu dürfen. Ist er doch, wie der Hamburger, knapp zum menschlichen Verzehr geeignet. Und scheint auch, wie dieser, in zwei, drei Bissen zu vertilgen zu sein. Fast food also ja, aber von der hinterhältigen Sorte. Denn der Däne ist ein heimtückischer Bursche, der sich gegen das hastige Verschlungenwerden wohl zu wehren weiß.

Senf schmiert er als erste Warnung auf die Finger, platscht gleich darauf einen dicken Klacks Ketchup auf die Bluse, malt lustige rotweiße Kringel aufs Seidenhemd. Und schon ist er nicht mehr zu halten: Zwiebeln rieseln, fettiges Wasser spritzt, Gurken klatschen auf Rock und Hose. Wer an dieser Stelle meint, eher zum Ende zu kommen, indem er schneller ißt, der gerät erst recht unter Beschuß: Die Soße suppt und schmatzt herunter, die Statik des fragilen Gebildes bricht endgültig zusammen und ein glitschiger Klumpen auf den hastigen Esser nieder, gefolgt von einer Reihe vollmundiger, gotteslästerlicher Flüche.

Schmeckt er denn nun, der Hot dog? Nein: Man kann keinen einzelnen der Bestandteile ausmachen. Und wieder nein: Irgendein neues, klar zu definierendes Aroma entsteht durch die Kombination unverträglicher Elemente auch nicht. Und ja: Genauso, wie er aussieht, schmeckt er. Ein unübersichtlicher Angriff auf die Geschmacksnerven, der das Opfer am Ende ratlos zurückläßt.

Doch was tut das zur Sache. Nicht Nahrung ist der Hot dog schließlich, sondern Flair. Ein Willkommensgruß, ein Abschiedswink. Keinesfalls stellt er, wie behauptet wird, die dänische Antwort auf den Hamburger dar. Der Hot dog war vorher. Und er wird sein, wenn schon längst bei McDonald's Sojaklopse vom Porzellanteller serviert werden. Kein Imbiß, sondern ein Ereignis. Red & white, Danish dynamite.

Nachsatz

Die hier gesammelten Reportagen erchienen zuerst in *Die Zeit, Frankfurter Rundschau, Der Tagesspiegel* und *taz.*